La guía definitiva de un joven atleta para la firmeza mental:

30 días para convertirse en mentalmente fuerte, crear una mente imbatible, desarrollar autodisciplina y una mente estoica.

Tabla de Contenidos

TABLA DE CONTENIDOS 3

1. ¿QUÉ SIGNIFICA PARA TI LA FORTALEZA MENTAL? 20
2. ¿CUÁLES SON TUS METAS Y MOTIVACIONES? 21
3. ¿QUÉ ESTÁS DISPUESTO A SACRIFICAR? 21

CÓMO LEER ESTE LIBRO: 23

PUNTOS CLAVE: 26

"SI PASAS DEMASIADO TIEMPO PENSANDO EN ALGO, NUNCA LO LOGRARÁS. HAZ AL MENOS UN MOVIMIENTO DEFINITIVO DIARIAMENTE HACIA TU META." BRUCE LEE 32
    PASOS ACCIONABLES: 36

DÍA 2: ENFOQUE 36

"SIEMPRE QUE QUIERAS LOGRAR ALGO, MANTÉN LOS OJOS ABIERTOS, CONCÉNTRATE Y ASEGÚRATE DE SABER EXACTAMENTE LO QUE QUIERES. NADIE PUEDE DAR EN EL BLANCO CON LOS OJOS CERRADOS." - PAULO COELHO 36
    "LA GRAN PREGUNTA ES SI VAS A PODER DECIR UN SINCERO SÍ A TU AVENTURA." -JOSEPH CAMPBELL 37
    "SÓLO UN TONTO APRENDE DE SUS PROPIOS ERRORES. EL HOMBRE SABIO APRENDE DE LOS ERRORES DE OTROS." - OTTO VON BISMARCK .. 38

"Tu vida es el fruto de tus propias acciones. No tienes a nadie a quien culpar más que a ti mismo." - Joseph Campbell 38

"Sigue tu felicidad y el universo abrirá puertas para ti donde solo había paredes." - Joseph Campbell 39

"Debemos estar dispuestos a deshacernos de la vida que hemos planeado, para así poder tener la vida que nos está esperando." - Joseph Campbell 41

"Un héroe es alguien que ha dado su vida a algo más grande que uno mismo." -Joseph Campbell 41

"La cueva que temes entrar contiene el tesoro que buscas." - Joseph Campbell 42

"El dragón definitivo está dentro de ti..." - Joseph Campbell 43

"Es al bajar al abismo que recuperamos los tesoros de la vida. Donde tropiezas, allí yace tu tesoro." -Joseph Campbell . 44

"El privilegio de toda la vida es ser quien eres." - Joseph Campbell 44

"El objetivo de la vida es hacer que tus latidos coincidan con el ritmo del universo, emparejar tu naturaleza con la Naturaleza." -Joseph Campbell 45

Pasos Accionables: 46

DÍA 4: HACER 46

"Si no puedes volar, entonces corre. Si no puedes correr, entonces camina. Si no puedes caminar, entonces gatea, pero de todas maneras, sigue moviéndote." - Martin Luther King Jr. 46

"Si no apuntas a nada, siempre lo conseguirás." - Zig Ziglar 48

"Falta de dirección, no falta de tiempo, es el problema. Todos tenemos días de veinticuatro horas." - Zig Ziglar 49

"No tienes que ser fantástico en algo para empezar, pero tienes que empezar para ser fantástico en algo." - Zig Ziglar ... 49

"Las personas sobresalientes tienen algo en común: Un sentido absoluto de misión." - Zig Ziglar 50

"A VECES LA ADVERSIDAD ES LO QUE NECESITAS ENFRENTAR PARA SER EXITOSO" - ZIG ZIGLAR 50

"OBTENDRÁS TODO LO QUE QUIERAS EN LA VIDA, SI AYUDAS LO SUFICIENTE A OTRAS PERSONAS A OBTENER LO QUE QUIEREN." - ZIG ZIGLAR 51

"LO QUE OBTIENES AL LOGRAR TUS METAS NO ES TAN IMPORTANTE COMO LO QUE TE CONVIERTES AL ALCANZAR TUS METAS." - ZIG ZIGLAR 52

"EL MIEDO TIENE DOS SIGNIFICADOS: 'OLVIDA TODO Y CORRE' O 'ENFRENTA TODO Y SUBE'. LA ELECCIÓN ES TUYA." - ZIG ZIGLAR 53

"LA GENTE SUELE DECIR QUE LA MOTIVACIÓN NO DURA. BUENO, TAMPOCO LO HACE EL BAÑO, POR ESO RECOMENDAMOS HACERLO DIARIAMENTE." - ZIG ZIGLAR 54

DÍA 6: SUEÑO 55

"UN SUEÑO NO SE CONVIERTE EN REALIDAD A TRAVÉS DE LA MAGIA; REQUIERE SUDOR, DETERMINACIÓN Y TRABAJO DURO." - COLIN POWELL 55

"SI EL DESAFÍO QUE ENFRENTAMOS NO NOS ASUSTA, ENTONCES PROBABLEMENTE NO ES TAN IMPORTANTE." TIM FERRISS 56

"LO QUE MÁS TEMEMOS HACER SUELE SER LO QUE MÁS NECESITAMOS HACER." - TIM FERRISS 57

"LA GENTE ELEGIRÁ LA INFELICIDAD SOBRE LA INCERTIDUMBRE." - TIMOTHY FERRISS 59

"ENFÓCATE EN SER PRODUCTIVO EN LUGAR DE ESTAR OCUPADO." - TIM FERRIS 60

PASOS ACCIONABLES: 60

"LAS CONDICIONES NUNCA SON PERFECTAS. 'ALGÚN DÍA' ES UNA ENFERMEDAD QUE LLEVARÁ TUS SUEÑOS A LA TUMBA CONTIGO." TIM FERRISS 61

DÍA 8: ESCRIBIR 61

"EL PRIMER BORRADOR ES SIMPLEMENTE CONTARTE A TI MISMO UNA HISTORIA" - TERRY PRATCHETT 61

"Verdadero poder de voluntad. Voy a (expletive) fallar, voy a (expletive) fallar, voy a (expletive) fallar, y tendré éxito." - David Goggins..63

"Vas a fracasar, vas a estar en tu cabeza, y vas a estar diciendo que no soy lo suficientemente bueno. Se trata de cómo superas eso." - David Goggins 64

"Al final del día, el trabajo duro puede no ser suficiente. Todavía puedes fallar. Pero sigues saliendo y vas tras ello." - David Goggins..66

"Un guerrero es un tipo que dice 'Estoy aquí de nuevo hoy. Estaré aquí de nuevo mañana y al día siguiente.' Es una persona que no pone límites a lo que es posible." - David Goggins 66

Pasos accionables: 67

DÍA 10: CHUPAR...67

"El fracaso no es fatal, pero la falta de cambio podría ser" - John Wooden 67

"La relajación se produce solo cuando se permite, no como resultado de 'intentar' o 'forzar'." - Timothy Gallwey 69

"Se dice que al respirar, el hombre recapitula el ritmo del universo. Cuando la mente se encuentra fijada en el ritmo de la respiración, tiende a volverse absorbida y tranquila." - Timothy Gallwey...72

"El jugador del juego interior llega a valorar el arte de la concentración relajada por encima de todas las demás habilidades; descubre un verdadero fundamento para la autoconfianza; aprende que el secreto para ganar cualquier juego radica en no esforzarse demasiado." -Timothy Gallwey.72

"Se requiere el desarrollo de habilidades internas, pero es interesante notar que si, mientras aprendes tenis, comienzas a aprender cómo enfocar tu atención y cómo confiar en ti mismo, has aprendido algo mucho más valioso que cómo pegar un potente revés." - Timothy Gallwey..74

Pasos Accionables: 74

DÍA 12: 75

"ESCUCHAR ES UN ARTE QUE REQUIERE ATENCIÓN SOBRE EL TALENTO, ESPÍRITU SOBRE EGO, OTROS SOBRE UNO MISMO." DEAN JACKSON 75
    PASOS ACCIONABLES: 79

DÍA 14: APRENDER 80

"VIVE COMO SI FUERAS A MORIR MAÑANA. APRENDE COMO SI FUERAS A VIVIR PARA SIEMPRE." - GANDHI 80
"EL PROPÓSITO DE LA VIDA ES ENCONTRAR LA CARGA MÁS GRANDE QUE PUEDAS SOPORTAR Y LLEVARLA." - JORDAN B. PETERSON 81
"NO CREO QUE TENGAS NINGÚN CONOCIMIENTO SOBRE TU CAPACIDAD PARA EL BIEN HASTA QUE TENGAS UN CONOCIMIENTO BIEN DESARROLLADO SOBRE TU CAPACIDAD PARA EL MAL." - JORDAN B. PETERSON 81
"ENFRENTA LAS DEMANDAS DE LA VIDA VOLUNTARIAMENTE. RESPONDE A UN DESAFÍO, EN LUGAR DE PREPARARTE PARA UNA CATÁSTROFE." - JORDAN B. PETERSON 82
"CADA APRENDIZAJE ES UN PEQUEÑO PASO HACIA LA MUERTE. CADA NUEVA INFORMACIÓN DESAFÍA UNA CONCEPCIÓN ANTERIOR, OBLIGÁNDOLA A DISOLVERSE EN CAOS ANTES DE RENACER COMO ALGO MEJOR. A VECES, TALES MUERTES CASI NOS DESTRUYEN." - JORDAN B. PETERSON 83
"NO PUEDES ELEGIR NO PAGAR EL PRECIO, SOLO PUEDES ELEGIR QUÉ PRECIO PAGAR" - JORDAN B. PETERSON 84
"VAS A PAGAR UN PRECIO POR CADA MALDITA COSA QUE HAGAS Y POR TODO LO QUE NO HAGAS. NO PUEDES ELEGIR NO PAGAR UN PRECIO. PUEDES ELEGIR QUÉ VENENO VAS A TOMAR. ESO ES TODO." - JORDAN B. PETERSON 85
    OTRAS 12 REGLAS DE JORDAN B. PETERSON 86
    PASOS ACCIONABLES: 87

DÍA 16: LEVANTAR 88

"Solo recuerda, en algún lugar, una niña china está calentando con tu máximo." - Jim Conroy 88
"La fuerza mental es salir y hacer lo mejor para el equipo, incluso si todo no va exactamente como quieres." - Bill Belichick 89
"Realizas el trabajo o no lo haces." - Bill Belichick 90
"No hay atajos para construir un equipo cada temporada. Construyes la base ladrillo a ladrillo." - Bill Belichick 90
Encuentra tu pasión y desarrolla tus talentos naturales. ... 92
2. Ganar es un hábito que debe ser pulido 92
"Cada juego es importante para nosotros. No importa qué sea la próxima semana, contra quién juguemos, si es una semana de descanso, Acción de Gracias, Navidad, Halloween, Día de Colón. No nos importa. Solo estamos tratando de salir y ganar un juego." - Bill Belichick 92
"Creo que seguiremos tratando de mirarnos en el espejo y ver dónde podemos hacer un mejor trabajo, quizás dónde podemos mejorar el proceso. Pero creo que los fundamentos del proceso seguirán siendo los mismos." - Bill Belichick 93
"No days off." -Bill Belichick 94
Pasos Accionables: 95

DÍA 18: PEQUEÑOS CÍRCULOS 96

"El secreto es que siempre todo está en juego. Cuanto más presentes estemos en la práctica, más presentes estaremos en la competencia, en la sala de juntas, en el examen, en la mesa de operaciones, en el gran escenario. Si tenemos alguna esperanza de alcanzar la excelencia, sin mencionar demostrar lo que tenemos bajo presión, tenemos que estar preparados con un estilo de vida de refuerzo. La presencia debe ser como respirar." - Josh Waitzkin 96
Esta es la lección: nunca ceder, nunca ceder, nunca, nunca, nunca, nunca - en nada, grande o pequeño, importante o trivial - nunca ceder excepto ante convicciones de honor y buen sentido. Nunca cedas ante la fuerza; nunca cedas ante la

APARENTEMENTE ABRUMADORA FUERZA DEL ENEMIGO. - WINSTON CHURCHILL 98

"EL VALOR ES LO QUE SE NECESITA PARA PONERSE DE PIE Y HABLAR, TAMBIÉN ES LO QUE SE NECESITA PARA SENTARSE Y ESCUCHAR." - WINSTON CHURCHILL 98

"TODAS LAS COSAS MÁS GRANDES SON SIMPLES, Y MUCHAS PUEDEN SER EXPRESADAS EN UNA SOLA PALABRA: LIBERTAD; JUSTICIA; HONOR; DEBER; MISERICORDIA; ESPERANZA." - WINSTON CHURCHILL 100

CORAJE 100

"EL VALOR ES JUSTAMENTE ESTIMADO COMO LA PRIMERA DE LAS CUALIDADES HUMANAS PORQUE SE HA DICHO QUE ES LA CUALIDAD QUE GARANTIZA TODAS LAS DEMÁS." -WINSTON CHURCHILL 100

CONFIANZA 101

TENEMOS ANTE NOSOTROS MUCHOS, MUCHOS LARGOS MESES DE LUCHA Y SUFRIMIENTO. TE PREGUNTAS, ¿CUÁL ES NUESTRA POLÍTICA? PUEDO DECIR: ES LIBRAR LA GUERRA, POR MAR, TIERRA Y AIRE, CON TODA NUESTRA FUERZA Y CON TODA LA FORTALEZA QUE DIOS PUEDE BRINDARNOS; LIBRAR LA GUERRA CONTRA UNA TIRANÍA MONSTRUOSA, NUNCA SUPERADA EN EL OSCURO Y LAMENTABLE CATÁLOGO DE CRÍMENES HUMANOS. ESA ES NUESTRA POLÍTICA. TE PREGUNTAS, ¿CUÁL ES NUESTRO OBJETIVO? PUEDO RESPONDER EN UNA PALABRA: ES LA VICTORIA, LA VICTORIA A TODA COSTA, LA VICTORIA A PESAR DE TODO TERROR, LA VICTORIA, AUNQUE EL CAMINO SEA LARGO Y DIFÍCIL; PUES SIN VICTORIA, NO HAY SUPERVIVENCIA. 101

EDUCACIÓN 102

"MEJORAR ES CAMBIAR, ASÍ QUE SER PERFECTO ES CAMBIAR A MENUDO." - WINSTON CHURCHILL 103

AVENTURA 103

"CADA DÍA PUEDES PROGRESAR. CADA PASO PUEDE SER FRUCTÍFERO. SIN EMBARGO, SE EXTENDERÁ ANTE TI UN CAMINO CADA VEZ MÁS LARGO, CADA VEZ MÁS ASCENDENTE, CADA VEZ MÁS MEJORADO. SABES QUE NUNCA LLEGARÁS AL FINAL DEL VIAJE. PERO ESTO, LEJOS DE DESANIMAR, SOLO AÑADE AL GOZO Y LA GLORIA DE LA SUBIDA." - WINSTON CHURCHILL 104

PASOS ACCIONABLES: 104

DÍA 20: MOLER 105

"NO ES QUE SEA TAN INTELIGENTE, ES SOLO QUE ME QUEDO CON LOS PROBLEMAS POR MÁS TIEMPO." - ALBERT EINSTEIN 105

"DISCIPLINA IGUAL A LIBERTAD" - JOCKO WILLINK 106

"PROPIEDAD EXTREMA. LOS LÍDERES DEBEN SER RESPONSABLES DE TODO EN SU MUNDO. NO HAY NADIE MÁS A QUIEN CULPAR." - JOCKO WILLINK 106

"CUANDO PIENSAS QUE NO PUEDES SOPORTAR MÁS... ¿ADIVINA QUÉ? PUEDES - ESTÁ **COMPROBADO** POR LAS HISTORIAS DE **PERSONAS ORDINARIAS** EN LA GUERRA." - JOCKO WILLINK 107

"LAS PERSONAS QUE TIENEN ÉXITO DECIDEN QUE VAN A TENER ÉXITO. ELLOS TOMAN ESA DECISIÓN. DECIDEN ESTUDIAR DURO. DECIDEN TRABAJAR DURO. DECIDEN SER LA PRIMERA PERSONA EN LLEGAR AL TRABAJO Y LA ÚLTIMA EN IRSE A CASA." - JOCKO WILLINK 108

"TODOS QUIEREN UNA ESPECIE DE PÍLDORA MÁGICA, ALGÚN TRUCO DE LA VIDA, QUE ELIMINE LA NECESIDAD DE HACER EL TRABAJO. PERO ESO NO EXISTE." - JOCKO WILLINK 109

"LA OSCURIDAD NO PUEDE APAGAR TU LUZ. TU VOLUNTAD. TU DETERMINACIÓN. NO IMPORTA LO QUE ESTÉ PASANDO, NO IMPORTA LO DIFÍCIL QUE SEA LA LUCHA. MIENTRAS SIGAS LUCHANDO, TÚ GANAS." - JOCKO WILLINK 110

PASOS ACCIONABLES: 110

DÍA 22: HÁBITO 111

"CADENAS DE HÁBITO SON MUY LIGERAS PARA SER SENTIDAS HASTA QUE SON MUY PESADAS PARA SER ROTAS." - WARREN BUFFETT 111

"DURANTE LA TEMPORADA, TU EQUIPO DEBERÍA SER LIDERADO CON ENTUSIASMO Y EMOCIÓN. DEBERÍAS VIVIR LA TRAVESÍA. DEBERÍAS VIVIRLA CORRECTAMENTE. DEBERÍAS VIVIRLA JUNTOS. DEBERÍAS VIVIRLA COMPARTIDA. DEBERÍAS TRATAR DE HACER QUE LOS DEMÁS SEAN MEJORES. DEBERÍAS LLAMAR LA ATENCIÓN A LOS DEMÁS SI ALGUIEN NO ESTÁ HACIENDO SU PARTE. DEBERÍAS ABRAZAR A LOS DEMÁS CUANDO LO ESTÁN HACIENDO. DEBERÍAS ESTAR DECEPCIONADO EN UNA DERROTA Y

EXALTADO EN UNA VICTORIA. TODO SE TRATA DE LA TRAVESÍA." - COACH K 112

"ENFRENTAMIENTO SIMPLEMENTE SIGNIFICA ENFRENTAR LA VERDAD DE FRENTE." - COACH K 113

INTENTO VER CADA NUEVA TEMPORADA COMO UN NUEVO DESAFÍO PORQUE TENGO UN NUEVO EQUIPO CON EL QUE TRABAJAR, NUEVOS OPONENTES PARA ENFRENTAR Y A MENUDO NUEVAS IDEAS Y TEORÍAS PARA PROBAR. - COACH K 114

"DESARROLLAS UN EQUIPO PARA LOGRAR LO QUE UNA PERSONA NO PUEDE LOGRAR SOLA. TODOS NOSOTROS SOLOS SOMOS MÁS DÉBILES, DE LEJOS, QUE SI TODOS ESTAMOS JUNTOS." - COACH K 115

2. "DEMASIADAS REGLAS OBSTACULIZAN EL LIDERAZGO. SOLO TE ENCIERRAN EN UNA CAJA… LAS PERSONAS ESTABLECEN REGLAS PARA EVITAR TOMAR DECISIONES." - COACH K 117

3. "SE NECESITA VALOR NO SOLO PARA TOMAR DECISIONES, SINO TAMBIÉN PARA VIVIR CON ESAS DECISIONES DESPUÉS" - COACH K 119

"CUANDO ERES APASIONADO, SIEMPRE TIENES TU DESTINO A LA VISTA Y NO TE DISTRAES POR OBSTÁCULOS. PORQUE AMAS LO QUE ESTÁS PERSIGUIENDO, COSAS COMO EL RECHAZO Y CONTRATIEMPOS NO TE DETENDRÁN EN TU BÚSQUEDA. ¡CREES QUE NADA PUEDE DETENERTE!" - ENTRENADOR K 121

PASOS CONCRETOS: 121

DÍA 24: NOMBRE 122

"SÓLO POR UNA VEZ DÉJAME MIRARTE CON MIS PROPIOS OJOS… TENÍAS RAZÓN. TENÍAS RAZÓN SOBRE MÍ. DILE A TU HERMANA QUE TENÍAS RAZÓN." - DARTH VADER 122

"RECUERDA QUE ESTE MOMENTO NO ES TU VIDA, ES SOLO UN MOMENTO EN TU VIDA. CONCÉNTRATE EN LO QUE TIENES FRENTE A TI, EN ESTE MOMENTO. IGNORA LO QUE 'REPRESENTA' O 'SIGNIFICA' O 'POR QUÉ' TE SUCEDIÓ." - RYAN HOLIDAY 123

"EL OBSTÁCULO EN EL CAMINO SE CONVIERTE EN EL CAMINO. NUNCA OLVIDES, DENTRO DE CADA OBSTÁCULO HAY UNA OPORTUNIDAD PARA MEJORAR NUESTRA CONDICIÓN." - RYAN HOLIDAY 124

"El impedimento a la acción promueve la acción. Lo que obstaculiza el camino se convierte en el camino." - Marcus Aurelius 125

"El fracaso nos muestra el camino—al mostrarnos lo que no es el camino." -Ryan Holiday 125

"Piensa en progreso, no en perfección" - Ryan Holiday ... 126

"Está bien desanimarse. No está bien rendirse. Saber que quieres rendirte pero plantar tus pies y seguir avanzando hasta que tomes la fortaleza impenetrable que has decidido asediar en tu propia vida, eso es persistencia." - Ryan Holiday 127

"El universo cambia; nuestra vida es lo que nuestros pensamientos hacen de ella." - Marco Aurelio 128

Pasos Accionables: 128

DÍA 26: VALORES 130

"El coraje es la virtud más importante de todas porque, sin coraje, no puedes practicar ninguna otra virtud de manera consistente." - Maya Angelou 130

Prefiero vivir por elección, no por casualidad. Miyamoto Musashi 131

"Estudia la estrategia a lo largo de los años y alcanza el espíritu del guerrero. Hoy es la victoria sobre ti mismo de ayer; mañana es tu victoria sobre hombres inferiores." - Musashi . 131

"No dejes que el cuerpo sea arrastrado por la mente ni que la mente sea arrastrada por el cuerpo." - Musashi 133

"No hay nada fuera de ti mismo que pueda permitirte mejorar, volverte más fuerte, más rico, más rápido o más inteligente. Todo está dentro. Todo existe. No busques nada fuera de ti mismo." - Musashi 133

"El Camino está en entrenamiento." - Musashi................ 134

"En la vida hay más que aumentar la velocidad." - Musashi 134

"Basta con decir que en Japón, un guerrero lleva consigo dos espadas como un deber, ya sea que sepa cómo usarlas o no. Es el Camino del guerrero." - Musashi 135

"Determina que hoy superarás a ti mismo del día anterior, mañana vencerás a aquellos de menor habilidad, y más adelante vencerás a aquellos de mayor habilidad." - Musashi 135

"Para ganar cualquier batalla, debes luchar como si ya estuvieras muerto." - Musashi 136

"No hagas nada que sea inútil" - Musashi 137

"Pensar ligeramente en ti mismo y profundamente en el mundo." - Musashi 137

Pasos accionables: 137

DÍA 28: APOSTAR 139

"Ya sabes, los caballos son más inteligentes que las personas. Nunca has oído hablar de un caballo quebrado por apostar a las personas." - Will Rogers 139

"El juego está en marcha." - Sherlock Holmes 140

"El mundo está lleno de cosas obvias que nadie por casualidad observa." - Sherlock Holmes. 141

"Ves, pero no observas. La distinción es clara." - Sherlock Holmes 143

"Es un error capital teorizar antes de tener datos. Imperceptiblemente uno comienza a torcer hechos para que se ajusten a teorías, en lugar de que las teorías se ajusten a los hechos." - Sherlock Holmes 145

"No puedo vivir sin trabajo cerebral. ¿Para qué más hay que vivir?" - Sherlock Holmes 146

Pasos Accionables: 147

DÍA 30: ACÁBALO 148

"Somos lo que hacemos repetidamente. La excelencia entonces no es un acto, sino un hábito." - Aristóteles 148

"Cuidado con la esterilidad de una vida ocupada." - Sócrates 148

LECTURAS ADICIONALES 151

© Derechos de autor 2024 por Robert Clear - Todos los derechos reservados.

Este libro se proporciona con el único propósito de ofrecer información relevante sobre un tema específico para el cual se ha hecho todo el esfuerzo razonable para garantizar que sea preciso y adecuado. Sin embargo, al adquirir este libro, aceptas el hecho de que el autor, así como el editor, no son en absoluto expertos en los temas contenidos en él, independientemente de cualquier afirmación en contrario que pueda hacerse. Como tal, cualquier sugerencia o recomendación que se haga en su interior se hace puramente con fines de entretenimiento. Se recomienda que siempre consultes a un profesional antes de emprender cualquiera de los consejos o técnicas discutidos aquí.

Esta es una declaración legalmente vinculante que es considerada tanto válida como justa por tanto el Comité de la Asociación de Editores como la Asociación de Abogados Americanos y debería ser considerada como legalmente vinculante dentro de los Estados Unidos.

La reproducción, transmisión y duplicación de cualquier contenido encontrado aquí, incluyendo información específica o extendida, se considerará un acto ilegal sin importar la forma final que tome la información. Esto incluye versiones copiadas de la obra tanto físicas, digitales y de audio a menos que se haya otorgado el consentimiento expreso del Editor con antelación. Se reservan todos los derechos adicionales.

Además, la información que se puede encontrar en las páginas descritas a continuación se considerará precisa y verídica en lo que respecta al relato de los hechos. Como tal, cualquier uso, correcto o incorrecto, de la información proporcionada eximirá al Editor de responsabilidad en cuanto a las acciones tomadas fuera de su alcance directo. No obstante, no hay escenarios en los que el autor original o el Editor puedan considerarse responsables de ninguna manera por los daños o dificultades que puedan resultar de la información discutida aquí.

Además, la información en las siguientes páginas está destinada únicamente con fines informativos y, por lo tanto, debe considerarse como universal. De acuerdo con su naturaleza, se presenta sin garantía en cuanto a su validez prolongada o calidad temporal. Las marcas comerciales mencionadas se hacen sin consentimiento por escrito y de ninguna manera pueden ser consideradas como un respaldo por parte del titular de la marca comercial.

Introducción

Ahora mismo, "Mental Toughness" se ha convertido en una palabra de moda compartida en retiros corporativos y acompañada de malas fotos de archivo. Estoy seguro de que en este momento estás imaginando a una mujer rubia moderadamente atractiva señalando un tablero con gráficos mientras sus compañeros asienten de acuerdo, o quizás has decidido ir más al estilo metal y has imaginado gráficos erosionados y un campo de batalla proclamando frases como "Los líderes lideran," y tal vez incluso haya un lobo en algún lugar en el fondo. Esperemos que no estés pensando en un tipo con traje de negocios de los 90 con los brazos cruzados mientras parece "listo para enseñarte cómo ser duro," con seis pasos fáciles.

El hecho real es que hay un gran mercado ahí fuera para jugar con las fantasías de las personas. Giramos libros como "Cómo ganar dinero y liderar con confianza" y "Percepción: El secreto del secreto" para atraer a la gran cantidad de personas que simplemente quieren saber cómo ser mejores.

Y ahí radica nuestra búsqueda. Quieres ser mejor en algo. Quizás ni siquiera estás seguro de qué es, pero sabes que mentalmente te sientes débil y tal vez todo este enfoque de mentalidad guerrera tiene algo de verdad. ¿Podrías ser Aquiles?

Lamentablemente, no, no eres Aquiles, a menos que tus padres te hayan nombrado Aquiles, en cuyo caso, buena suerte; sin embargo, el otro 99% de nosotros que no somos los atletas/guerreros más celebrados en el planeta tenemos que encontrar una forma de ser mejores, de lograr nuestros objetivos.

Entonces, ¿qué hacemos?

Aprendemos.

Los seres humanos estamos donde estamos hoy, tanto para bien como para mal, porque nos adaptamos. Vemos que algo no funciona tan bien como podría, y lo arreglamos. Buscamos cinta adhesiva, y resolvemos problemas, a veces resolvemos problemas con cinta adhesiva, pero luego alguien en última instancia llega y arregla lo que estábamos tratando desesperadamente de sostener juntos.

Si tu vida es una serie tras otra de soluciones con cinta adhesiva, entonces es hora de retroceder y afilar la sierra. Lo mejor que podemos hacer por nosotros mismos es enseñarnos cómo aprender y establecer una nueva serie de principios.

Así que, estás aquí. Si esperabas lemas para poner sobre un gato aferrado a una cuerda, entonces quizás has comprado el libro equivocado. Sin embargo, si lo que quieres es conocimiento práctico, ejemplos claros y lecciones aplicables, entonces vamos a empezar.

Cuando pensamos en las palabras clave para describir la fortaleza mental, ¿qué viene a la mente? Determinación. Tenacidad. Carácter.

En términos generales, la fortaleza mental es el enfoque y la voluntad para completar tu camino a pesar de los obstáculos difíciles. En otras palabras, nunca te rindas.

En un detalle más minucioso, la fortaleza mental es la voluntad de tomar decisiones difíciles, la fuerza para actuar, la habilidad para enfocarse, la tenacidad para cumplir y el poder para soportar el peso.

Quizás te imagines al estoico fresco y sereno supervisando un campo de batalla o a un emprendedor resiliente dirigiendo una sala de juntas. Quizás imágenes de atletas de élite avanzando a través del infierno y el agua alta o de los Navy SEAL superando BUDS aparezcan en tu psique.

Sea lo que sea lo que se te ocurra, la fortaleza mental representa la cúspide de lo que necesitamos para tener éxito. Sin embargo, a pesar de todos sus elogios, sin duda es una de esas habilidades que no pueden reducirse a unos y ceros. El rasgo mismo de la fortaleza mental es tan único como las personas que la poseen.

Cuando hablamos de éxito, rara vez hablamos de los más talentosos. A menudo, deseamos suponer que las personas que alcanzan la cima son simplemente las más dotadas, sin embargo, una y otra vez esto no es el caso. Tom Brady ciertamente no es el mariscal de campo más talentoso físicamente, tampoco lo era Michael Jordan, el jugador de baloncesto más versátil a una edad temprana. Entonces, ¿qué les dio una ventaja? La fortaleza mental.

Toma nota, el talento está sobrevalorado. Los que logran éxito son aquellos que aprenden a superar lo que son capaces de hacer desde el principio.

En primer lugar, ¿cuáles son algunas de las características de las personas mentalmente fuertes? Valentía y determinación, fuerza de carácter, estabilidad emocional, serenidad bajo presión, perspectiva y desapego, capacidad de actuar rápidamente, aceptación del cambio, versatilidad, preparación, disciplina, enfoque, autoestima, resistencia, paciencia, tenacidad y propósito.

Las personas mentalmente fuertes aprenden a retrasar la gratificación hasta que se logra el objetivo, y aún así, trabajan diariamente, celebran raramente. Los mentalmente fuertes aprenden a controlar el miedo y a utilizarlo. Convierten el miedo en un superpoder, utilizándolo para guiar sus decisiones y empujar sus límites. No solo priorizan, sino que construyen sus prioridades en torno a su propósito. En otras palabras, las personas con determinación desarrollan su carácter hasta alcanzar la grandeza. ¿Cómo vences los errores, te preparas?

Como dice Bill Belichick, "El talento marca el límite, el carácter marca el techo." La fortaleza mental te lleva a través de los momentos difíciles cuando todo el mundo se pone en tu contra. Nos proporciona un modelo para seguir una vez que la presión está sobre nosotros.

La vida se vive bajo presión. Los momentos más grandes no esperan nuestro ocio. Debemos aprender a controlar las cosas en nuestro poder y aceptar las cosas que no podemos cambiar. Aprende las lecciones que te ayudarán en el futuro y sigue adelante. El fracaso es parte del éxito. La determinación es el fuego en tu vientre que sigue ardiendo incluso cuando todo va mal. Es la voz que te guía en esos momentos y te dice que sigas intentándolo hasta que lo hagas bien. Nunca te rindas. Mantente fiel a tu camino. Mantén tus estándares altos.

La pregunta es: ¿Cómo lo conseguimos?

1. ¿Qué significa para ti la fortaleza mental?

¿Cómo defines la fortaleza mental? ¿Es la habilidad de enfrentar los desafíos? ¿Es control? ¿Es compromiso? ¿Es confianza?

2. ¿Cuáles son tus metas y motivaciones?

El primer paso hacia el desarrollo de la dureza mental es descubrir lo que estás buscando. Nadie te va a dar lo que quieres. Tienes que ir tras ello tú mismo. Debes ser una persona que se pone en marcha. Define lo que deseas y cuál es tu objetivo.

3. ¿Qué estás dispuesto a sacrificar?

Nadie lo consigue todo. Para lograr algo, también debemos renunciar a algo. Lo hemos sabido desde la escuela primaria. Debemos elegir nuestras prioridades y al hacerlo decidir a qué debemos renunciar. Las antiguas civilizaciones sacrificaban corderos a los dioses para proteger la cosecha, así que también debemos hacer un sacrificio metafórico por nuestra meta.

El objetivo de este libro es brindarte información sobre qué es la fortaleza mental y cómo puedes desarrollarla, dándote consejos sabios de algunos de los individuos más duros de la historia. Te equiparemos con ideas, prácticas y estrategias para desarrollar tu fortaleza mental y ejecutar en cualquier ámbito en el que vivas: deportes, negocios, arte. Sin embargo, no importa la sabiduría ofrecida en este libro, nada puede lograrse si te faltan los dos principios fundamentales para la fortaleza mental: determinación y consistencia.

Las personas mentalmente fuertes trabajan todos los días. Aprenden a perseverar debido a la constancia día tras día. Para lograr cualquier cosa, debemos mantenernos. La sabiduría no se obtiene sin sacrificio. Por lo tanto, para aprender la fortaleza mental, debemos desarrollar un nuevo hábito y ser consistentes con nuestro esfuerzo.

Winston Churchill dijo una vez: "El éxito no es definitivo, el fracaso no es fatal: es el coraje para continuar lo que cuenta."

Cómo leer este libro:

¡Felicidades, estás un paso más cerca de desarrollar tu fortaleza mental! Digo un paso porque así es como se recorre este viaje, un paso a la vez, un capítulo a la vez (a menos, por supuesto, que solo leas el capítulo de "Lecciones clave" y luego te retires).

De cualquier manera, este libro es tanto un documento legible como un cuaderno de trabajo. Los capítulos que siguen se centrarán en personas mentalmente fuertes y las lecciones que nos ofrecen. He elegido personas como David Goggins y Bill Belichick (lo siento por aquellos que lo odian, pero el hombre tiene más anillos que Thanos) así como personajes como Yoda y Sherlock Holmes.

El punto es ofrecerte diferentes grados de fortaleza mental, así como cómo se aplica a diferentes áreas. La fortaleza mental ha llevado a los guerreros a la victoria sobre oponentes más fuertes, y ha empujado a individuos a través de carreras Ironman y pérdida de peso. La fuerza mental, la determinación y la perseverancia son factores determinantes de éxito mejores que el talento, el acceso y la educación.

Entonces, ¿cómo lees este libro?

Primero, puedes leer el siguiente capítulo y dar por terminado el día. Es un resumen que te da las lecciones esenciales. Si estás buscando algo con qué aburrir a tu cita esta noche o simplemente te quedaste sin podcasts de los que hablar con tus amigos en el trabajo, entonces ese es el único capítulo que necesitas.

En segundo lugar, puedes leer el maldito libro. Simple, pero efectivo. Desde que el hombre descubrió la escritura, no ha habido mejor manera de transmitir el conocimiento que un hombre, o un grupo de hombres, poniendo una letra o figura después de otra en papel y luego otra persona sentándose en silencio consumiendo esa información por sí sola. Si te lo estás preguntando, la respuesta es sí, acabo de describirte qué es leer.

El libro tiene 15 capítulos principales, cada uno con un Paso Accionable al final. Después de cada capítulo hay una breve lección acompañante para el día siguiente.

El objetivo es leer un capítulo cada dos días y llevar a cabo el Paso Accionable durante esos dos días. ¿Por qué dos días? ¿Por qué no sentarse y devorar este libro de una sola vez? Bueno, puedes hacerlo si quieres, pero es mejor darle tiempo a las cosas.

Vivimos en un mundo que quiere resultados ahora. Queremos cambios en un instante. Queremos curas milagrosas y dietas de moda en lugar de salud y ejercicio. La fortaleza mental es como desarrollar callos en tu cerebro, y la única forma de hacerlo es a través del trabajo duro y el hábito.

Ya posees tanto potencial solo por vivir la vida que has vivido o sobrevivido, y ahora es el momento de construir sobre ese potencial. Para hacerlo, date el tiempo necesario para hacer el cambio.

Vemos la flor cuando brota así como vemos a la celebridad cuando se convierte en un éxito de la noche a la mañana. Ambos tomaron semanas, meses o años para florecer y el marketing lo vendió como un éxito de la noche a la mañana.

Además, en este libro hay lecciones que probablemente hayas escuchado mil veces. Me aferro a clichés como "La defensa gana campeonatos" y "El trabajo duro construye el éxito". ¿Por qué estos clichés tan ardientes se incluyen en un libro escrito para Internet en 2019, porque la sabiduría atemporal se abre camino a lo largo de los siglos por alguna razón? Te garantizo que un caballero estaba sentado en la parte superior de un caballo hace quinientos años gritando a sus alumnos sobre cómo "Bloquear gana batallas".

A veces, las cosas se quedan pegadas. Si lo hacen, úsalas. Reflexiona sobre ellas, reescríbelas, elabora sobre ellas, analízalas y, en última instancia, hazlas tuyas, pero de todas maneras, úsalas.

Después de cada capítulo inicial, hay un nuevo pensamiento para el día siguiente. Mientras quiero que te enfoques en las lecciones del capítulo anterior, se ofrece un pensamiento de seguimiento para que reflexiones sobre él.

Por último, este libro trata sobre ti. En su mayor parte, trato de mantenerme al margen. No soy tu gurú. No voy a arreglarte. Te voy a dar las herramientas para volverte más fuerte, pero no te voy a proporcionar un libro mágico de trucos que te convierta en Bruce Lee de la noche a la mañana.

No puedo cambiar quién eres, pero tú puedes.

Puntos clave:

No tienes tiempo en realidad para leer un libro, ya sea en tu Kindle, iPhone o tableta? Bueno, entonces este es el único capítulo para ti.

A continuación se enumeran las principales conclusiones, sin medidas de acción, de cada sección con una breve lección citada debajo. De esta manera, cuando llegues al trabajo hoy, aún puedes llevar algo inteligente a la reunión.

Capítulo 1: Prepara tu mente, una lección de Bruce Lee

Haz una elección para empezar hoy. La mente dicta al cuerpo. Para lograr cualquier cosa, debemos estar en el estado mental correcto. La fortaleza mental tiene que ver tanto con la mentalidad como con la dureza. A veces, la fuerza para enfrentar un problema es la fuerza para resolverlo. Deja de pensar que todo se puede solucionar con Google y prepárate para tomar las grandes decisiones.

Capítulo 2: El Viaje Antes de Ti. Una Lección de Joseph Campbell

La vida es un viaje. Todos sabemos esto. Pero no lo entendemos completamente tan bien como el hombre que estudió el mito toda su vida y descubrió que cada cultura cuenta un relato similar que él llamó el "monomito". Este descubrimiento llevó a la creación de historias como Star Wars y The Matrix. La lección que debemos aprender es que si abordamos nuestra vida como el viaje que es, en lugar de alguna maldición mundana, y seguimos nuestra felicidad o verdadero propósito, entonces las pruebas de la vida se vuelven más soportables Descubrimos qué dragón debemos enfrentar y qué premio debemos buscar.

Capítulo 3: Establece tu objetivo, Una lección de Zig Ziglar

El maestro orador Zig Ziglar fue uno de los primeros gurús de autoayuda que trascendió el género, y por una buena razón. Es divertido, ingenioso y acertado. ¿Su lección más importante? Establece tu objetivo (tu felicidad) y recuérdalo diariamente. Desarrolla mantras y afirmaciones para impulsar tus deseos en tu subconsciente. La motivación es como bañarse, debemos hacerlo todos los días. Las afirmaciones son entrenamiento cerebral. Si quieres construir una mente más fuerte, comienza entrenando al cerebro para pensar de manera diferente.

Capítulo 4: Escríbelo, Una Lección de Tim Ferris y el Diario de Cinco Minutos

Una de las mejores formas de reentrenar tu cerebro es escribir. Todavía no se ha creado una herramienta más poderosa para cambiar tu perspectiva que poner un bolígrafo en papel. Tim Ferris es famoso por muchas cosas: tiene un brillante podcast, varios best sellers incluyendo "La semana laboral de 4 horas," y ha desarrollado una marca en torno a ser un Lifehacker y diletante. ¿Su mayor descubrimiento? Hay muchos, pero mi herramienta favorita personal es las Páginas de la Mañana de Cinco Minutos de Julia Cameron. Dado que esta es la versión corta, siéntate cada mañana durante cinco minutos y escribe tus pensamientos. No juzgues lo que escribes, simplemente escríbelo y olvídalo.

Capítulo 5: Vas a Fracasar, Una Lección de David Goggins

El fracaso es parte del éxito. Nadie que haya logrado algo lo ha hecho en una ola perfecta. David Goggins es una de las personas más duras en el planeta. ¿Cómo lo sé? Escucha una entrevista con él o lee su libro y te dirá; sin embargo, el hombre lo respalda. Ha destrozado Ironman's y sus bíceps mientras rompía el récord de dominadas. ¿La lección más importante que tiene que ofrecernos? Ya sea correr largas distancias, empujar tu cuerpo a través de un calor extremo, o construir un negocio, en el camino hacia tu objetivo, en algún momento te equivocarás y fallarás. Esto es un regalo. Aprendemos más perdiendo que ganando, y la única manera de llegar a la cima de la montaña es aprender y hacerlo de nuevo, pero mejor.

Capítulo 6: Meditación, de Tenis a Tatooine

Si la escritura es la mejor herramienta para desarrollar fuerza mental, entonces la meditación es el mejor ejercicio cardiovascular. Este hábito sencillo ha sido practicado por personas durante siglos, y sin embargo recientemente está volviendo a ponerse de moda. En el mundo en el que vivimos hoy en día, con acceso constante al entretenimiento y datos, nuestros cerebros se están sobrecalentando, y necesitamos una forma de reiniciar. Los atletas han aprendido que la concentración necesaria para el juego y el estado de flujo es similar a la mentalidad de los monjes en profunda meditación. Utiliza esta herramienta para enfocar tu mente y recuperar algo de tu espacio mental libre.

Capítulo 7: Haz preguntas, una lección de Toyota.

¿Por qué? ¿Por qué? ¿Por qué? ¿Por qué? ¿Por qué? Cinco veces. El regalo de Toyota es una pala para excavar en tu psique. Te obliga a adentrarte más en tu proceso de pensamiento, tus fracasos, tus éxitos y aprender por qué hiciste lo que hiciste y cómo puedes mejorarlo.

Capítulo 8: Llevar ese peso, una lección de Jordan Peterson

En la vida, tomamos decisiones. Cada elección que hacemos lleva un peso. No importa lo que hagamos, no importa quiénes seamos, todos debemos cargar con la carga de nuestras decisiones. Para vivir una vida mejor, no hagas nada que te haga sentir avergonzado. Si lo haces, o si lo has hecho, acepta tu carga, pero comprende que si deseas poner en orden tu vida, comienza contigo y tus elecciones. También, lee grandes obras literarias si quieres entender los peligros de la vida.

Capítulo 9: Domina el Trabajo Duro, Una Lección de Bill Belichick

Sin días libres. Belichick entonó esto desde el podio después de ganar su quinto campeonato. El entrenador que todos odian llegó a la cima de la montaña haciendo el trabajo que nadie más quería hacer. Si eres actor, memorizas líneas en lugar de ir a fiestas. Si eres escritor, te sientas solo y haces el trabajo. El éxito se construye sobre la base del trabajo duro. Simple y llanamente, como Belichick.

Capítulo 10: Perseverancia, Una Lección de Winston Churchill

El Bulldog Británico guió a su país a través del momento más difícil en la historia. Aunque es posible que no enfrentemos el blitzkrieg en nuestra vida, sin duda sentiremos como si la vida estuviera lanzándonos todo lo que tiene. Si estás pasando por el infierno, sigue adelante. Esto también pasará.

Capítulo 11: Disciplina equivale a libertad, Una lección de Jocko Willink

Volviendo a mencionar al Dr. Peterson, cuanto más disciplina desarrollemos en la vida, desde hacer nuestra cama hasta el ejercicio diario, más libertad comenzaremos a descubrir. Tomando lecciones del ejército, las opciones a menudo nos atan, estamos encarcelados por las opciones. Cuanto más disciplinados seamos hoy, más tiempo tendremos mañana. Un hombre sin tiempo es un hombre sin prioridades.

Capítulo 12: Abrazar el obstáculo, una lección del estoicismo

Si bien esto podría verse como una repetición de Campbell, los estoicos, técnicamente, llegaron primero. La vida es una mierda si la ves de esa manera. Si cambias tu mentalidad y te das cuenta de que el obstáculo en tu camino es tu camino, entonces de repente tu carga se convierte en tu propósito. La barrera es el camino, como cita Ryan Holiday.

Capítulo 13: Éxito, una lección del Entrenador K.

Integridad. Sin escándalos. Sin suspensiones. Sin tiempo en la portada de The National Enquirer. El entrenador K lo ha hecho bien a lo largo de su exitosa carrera. Lidera con integridad, ya sea con los Duke Blue Devils o el equipo olímpico. Aprende a adaptarse y cambiar con los tiempos, comenzando con un sólido liderazgo senior y luego adoptando a los jugadores de "uno y listo" más adelante en su carrera, pero siempre seleccionando a los mejores jugadores y enseñándoles a jugar el juego de la manera correcta. Cuando tienes integridad, cuando sabes en qué crees, el éxito está predeterminado, porque sabes quién eres.

Capítulo 14: Lleva Dos Espadas, Una Lección de Musashi

Siempre debes estar preparado. A menudo, el Plan A no funciona. Por lo tanto, debes llevar una segunda espada. Aunque hay más en Musashi que eso, querías la versión corta.

Capítulo 15: El Entrenamiento, Una Lección de Sherlock Holmes

Tu cerebro opera en dos niveles cuando se enfrenta a nueva información: rápido y lento. Entrena tu mente para conectar los dos, de manera que tus reacciones rápidas se basen en tu análisis lento, como Holmes. Lo haces al principio creando distancia del problema en cuestión y pensando lentamente en las posibilidades. Con el tiempo, lo que era lento se convertirá en rápido. Es la forma en que funciona el cuerpo humano. Piensa en un luchador en un ring que no piensa pero se mueve por memoria muscular.

Conclusión: Eres Suficiente

Ve, y da lo mejor de ti. Como todo héroe en cada viaje, la búsqueda definitiva es la que ocurre dentro. Fuimos suficientes para conquistar la montaña o al dragón, o a ambos, y reclamar el premio, pero necesitábamos el viaje para enseñarnos eso. Igualmente, tú eres suficiente. Siempre lo fuiste. Aun así, necesitas practicar y desarrollarte, porque algún día necesitarás transmitir lo que sabes.

Capítulo 1:

"Si pasas demasiado tiempo pensando en algo, nunca lo lograrás. Haz al menos un movimiento definitivo diariamente hacia tu meta." Bruce Lee

Esto no se trata de inspirarte a ti. Cuando se trata de eso, o estás listo para cambiar, o no lo estás. Estás listo para volverte más fuerte, o no lo estás. Estás preparado para dar el paso, o no lo estás.

Ojalá pudiera decirte que hay un secreto mágico al final del libro, o que definitivamente, garantía de devolución del dinero del 100%, que al final de 30 días serás una persona cambiada.

Ojalá pudiera ladrarte con sinceridad de carnaval que si sigues esta guía paso a paso, saldrás al otro lado más fuerte, más sexy y con un cabello más grueso y más lleno.

Ojalá pudiera decirte que después de leer este libro el mundo será un lugar mejor y que no se está yendo al infierno en una cesta.

Pero no puedo. La verdad es que depende completamente de ti.

Sin duda, en este libro, encontrarás trucos, citas y cómo hacerlo. Encontrarás inspiración diaria y pasos que puedes seguir para empezar a destacar y tomar nota. Te lo garantizo.

Sin embargo, lo que no puedo prometer es ese eslogan de la portada del libro, esa vacía presentación de infomercials de la noche, porque ambos sabemos a quién le toca.

Y aún así, ya has dado el primer paso. Has tomado la decisión de invertir en ti mismo/a y crecer.

La psicóloga de Stanford, Carol Dweck, autora de La nueva psicología del éxito, promueve la idea de la "mentalidad de crecimiento", o la creencia de que nuestra inteligencia, creatividad y carácter pueden adaptarse y cambiar para mejor. No estamos fijos en nuestras formas, somos máquinas de aprendizaje siempre en evolución.

A medida que has envejecido, ¿cómo has cambiado? Si excluyeras lo físico, ¿cuáles son los nuevos modelos mentales que has adaptado y que han producido resultados positivos? ¿Eres la misma persona que eras en la escuela secundaria?

Hay dos enfoques, según Dweck, fijos y de crecimiento. Cuando se enfrenta a un problema, una persona cae en una de dos interpretaciones. O bien luchan o fallan y dicen, "Soy tan estúpido, ni siquiera debería molestarme en intentarlo", o "Todavía no he dominado esto, pero lo haré, con tiempo y conocimiento".

Estos dos pensamientos resultan en desenlaces dramáticamente distintos. Imagina decirte a ti mismo día tras día, "Soy tonto," o, "Soy igual a X," o incluso, "Soy un fracaso. Soy un fracasado."

¿Te rindes fácilmente? ¿Evitas el fracaso? ¿Desprecias la crítica? ¿Es el éxito de los demás una amenaza para tu éxito?

Esta es una mentalidad fija.

¿Qué pasaría si tu mejor amigo te dijera estas cosas todos los días? ¿Qué tan amigo sería? Y sin embargo, no tenemos ningún problema en castigarnos a nosotros mismos con este discurso de odio cada vez que fallamos en nuestras vidas.

Se termina hoy.

Hemos construido el hábito de hablarnos mal a nosotros mismos, y no va a desaparecer en una hora. Pero, hoy es el día en que vamos a prestar atención a ello y cambiar nuestros pensamientos hacia una mentalidad de crecimiento.

En lugar de culparnos cuando nos encontramos con un obstáculo, vamos a cambiar el flujo de energía hacia pensamientos como, "Necesito trabajar de manera más inteligente," o "Lo lograré la próxima vez," e incluso, "Esto va a ser divertido."

Estate abierto a nuevas ideas, al cambio. Comprende que siempre puedes aprender y crecer. Reflexiona sobre el desafío, aprende de la lección y permítete crecer a partir de la experiencia.

La verdad es que la vida se ha vuelto cómoda. Ya no tenemos que luchar como lo hicieron nuestros antepasados. ¿Quieres una hamburguesa? Bueno, solíamos tener que cazar y acechar al ternero antes de poder comer. Hoy en día, simplemente tomamos nuestro teléfono y pedimos a través de GrubHub, quejándonos si no es entregado en menos de 30 minutos.

Este tipo de letargo se ha filtrado en nuestras mentes. Esperamos resultados inmediatos. Esperamos conocimiento sin inversión. Esperamos éxito sin tribulación.

Arnold Schwarzenegger no empezó como The Terminator. Dwayne "The Rock" Johnson no llegó a la NFL, que era su sueño inicial. Los comediantes como Joe Rogan, Kevin Hart y Dave Chapelle han hablado una y otra vez sobre el largo camino para ser gracioso.

Piensa en eso por un segundo. La comedia es difícil. Algo que hacemos todos los días, reír y sonreír cuando nos ponen bajo el microscopio y se espera que funcione cada vez, es difícil. Los mejores del mundo en estar en un escenario y hacer reír a la gente nos dicen una y otra vez, que escribir chistes es una ciencia.

Las personas serias triunfan en la comedia. Aunque queremos creer que es el payaso de la clase el que sigue su corazón hasta Comedy Store, más a menudo es la persona que se toma en serio el arte de escribir chistes y la habilidad de entregarlos noche tras noche la que tiene éxito en la comedia.

Jerry Seinfeld escribe una broma todos los días. Tiene un calendario grande en su pared. Cada día que escribe una broma, pone una 'X' a través del día. De esta manera, puede ver cuándo rompe la cadena y cuándo está en racha. Dave Chappelle pone líneas de remate aleatorias en un tazón y luego saca una todos los días. Antes de que termine el día, tiene que crear una broma para la línea de remate.

Si escribir chistes es ciencia y estar musculoso no viene al final de una aguja, ¿entonces dónde nos deja eso?

Como dijo Hunter S. Thompson, "Compra el boleto, toma el viaje".

Nuestro viaje comienza.

Pasos Accionables:

El viaje de mil millas comienza con el primer paso, pero en realidad, comienza con la elección de dar el paso. Haz la elección de poner tu mente en el estado adecuado para volverte mentalmente más fuerte.

Día 2: Enfoque

"Siempre que quieras lograr algo, mantén los ojos abiertos, concéntrate y asegúrate de saber exactamente lo que quieres. Nadie puede dar en el blanco con los ojos cerrados." - Paulo Coelho

Aprender a enfocarse en un mundo que ansía tu atención es crucial. Desconectarse puede ser vital para descubrir tus habilidades. No se trata solo de saber lo que queremos, sino de aprender cómo obtenerlo. A veces, puede ser tan simple como sacar las voces de tu cabeza. Hoy, tómate tiempo para estar contigo mismo. Sin podcasts. Sin noticias. Sin audiolibros. Sin redes sociales. Solo tú. Presta atención a tus pensamientos. Obsérvalos. Si sientes la necesidad, escríbelos, pero disfruta del silencio del día.

Capítulo 2:

"La gran pregunta es si vas a poder decir un sincero sí a tu aventura." - Joseph Campbell

Tú eres el héroe de tu propia historia.

Joseph Campbell fue un mitólogo, escritor y conferencista estadounidense, conocido principalmente por su trabajo en mitología comparativa y religión comparativa y por el libro "El héroe de las mil caras", que más tarde influiría en Star Wars de George Lucas. También es el filósofo que acuñó la frase "Sigue tu dicha".

Sus escritos son densos, pero su mensaje es simple. En todas las historias que los seres humanos han contado hay un monomito congruente. Todos nuestros héroes están en el mismo viaje, desde Gilgamesh y Odiseo hasta Luke y Dorothy.

¿Por qué se incluye esto en este libro? Los mitos ofrecen orientación para tiempos difíciles. Pueden brindar consejos, lecciones y ejemplos mientras luchamos por sobrevivir nuestras propias pruebas. En esencia, los mitos que leemos en libros o vemos en películas se convierten en nuestros mentores sobre cómo lidiar con tiempos turbulentos.

Además, estás en un viaje. Has decidido volverte mentalmente más fuerte, y no hay una mejor metáfora para entender cuando nos enfrentamos a desafíos que el monomito. Todos tenemos nuestros héroes favoritos:

Batman, Bond, Sherlock, Wolverine, Wonder Woman. Si podemos aprender de su viaje y experimentar el nuestro propio, entonces estamos en camino de experimentar la vida.

> **"Sólo un tonto aprende de sus propios errores. El hombre sabio aprende de los errores de otros." - Otto von Bismarck**

La llamada a la aventura.

Al principio, todos nos encontramos en el mundo ordinario: el pueblo, el pequeño pueblo, el trabajo de 9 a 5. El Héroe es igual que tú y yo, tiene sueños y aspiraciones de algo más grande pero está atrapado por las cadenas de su entorno. Si solo algo viniera a agitar esta vida provincial, si solo.

> **"Tu vida es el fruto de tus propias acciones. No tienes a nadie a quien culpar más que a ti mismo." - Joseph Campbell**

Este es Luke anhelando unirse a la Rebelión pero encontrándose atrapado en Tatooine; sin embargo, cuando ve dos nuevos androides, el llamado a la aventura ha comenzado. Uno lleva un mensaje para Obi-Wan que cambiará el curso de la vida de Luke; sin embargo, un componente clave del monomito de Campbell es la "negativa a la llamada." Es decir, nuestro héroe, una y otra vez, intenta aferrarse al Mundo Ordinario. Trabajan y juegan a lo seguro todo el tiempo que pueden. Incluso Luke Skywalker, que todos sabemos ahora está destinado a convertirse en el próximo Jedi, encuentra una excusa para quedarse en Tatooine, sin embargo, una vez que regresa a casa, descubre que el destino lo ha empujado hacia la aventura ya que su tía y su tío han sido asesinados por el Imperio.

¿Responderás la llamada?

Ayuda sobrenatural. Encuentro con el mentor.

El héroe ahora necesita orientación. La persona que es hoy no es el héroe que está preparado para enfrentar a la Sombra. En este punto, nuestro héroe necesita un mentor, alguien que posea un objeto, información, consejos, o que comprenda un arte perdido. Piensa en Gandalf, Morfeo, o incluso un simple profesor universitario. Sea quien sea el mentor y cualquiera sea el conocimiento que posea, su misión es transmitirlo al héroe para que puedan continuar su búsqueda.

Obi-Wan posee el sable de luz, el arma de una antigua secta de guerreros, los Jedi, del padre de Luke. También es la persona que la Princesa Leia busca para salvar a la Rebelión.

"Sigue tu felicidad y el universo abrirá puertas para ti donde solo había paredes." - Joseph Campbell

El punto es que ninguno de nosotros está listo para alcanzar nuestros objetivos aún. Los libros de autoayuda y el pensamiento positivo te harían creer que todo lo que necesitas es la mentalidad adecuada y el mundo estará a tus pies. Y siendo justos, no están equivocados.

Sí, necesitas la mentalidad correcta para lograr tus objetivos, sin embargo, simplemente cambiar tu forma de pensar no va a hacer que de repente seas un linebacker titular o te enseñe cómo jugar ajedrez o esgrima.

Necesitamos mentores; sin embargo, un mentor puede ser cualquier cosa, desde un maestro hasta un libro. Hoy en día, tenemos más acceso a la información que nunca antes. Hay canales de YouTube dedicados a enseñar a la gente, sitios web con cursos que solían pertenecer solo a universidades de élite, y podcasts que promocionan horas y horas de entrevistas, investigaciones y ensayos de audio.

Entonces, aunque no puedas encontrar a tu Obi-Wan, puedes encontrar personas dispuestas a compartir sus secretos. Una vez que hagas la elección de volverte más fuerte, abre tu mente a las posibilidades de aprendizaje. Cuando el alumno está listo, el maestro aparecerá.

Cruzando el umbral. Pruebas y tribulaciones.

Una vez que se ha tomado la decisión y la llamada ha sido respondida, el Héroe está listo para comenzar su búsqueda. A veces es de forma voluntaria, a veces el héroe es empujado. Como escribió Shakespeare, "No temas a la grandeza: algunos nacen grandes, algunos logran la grandeza, y otros tienen la grandeza impuesta sobre ellos".

De cualquier manera, el héroe ahora entra en un mundo desconocido. Puede ser Odiseo cruzando al Inframundo, Luke dando el salto al espacio exterior con Han, o incluso Rick y Morty yendo en alguna aventura loca (ten en cuenta que el creador de Rick y Morty Dan Harmon ama el monomito y ha creado su propia versión en la que cada episodio se basa).

> "Debemos estar dispuestos a deshacernos de la vida que hemos planeado, para así poder tener la vida que nos está esperando." - Joseph Campbell

Cruzar el umbral significa el compromiso del Héroe con su viaje y cualquier cosa que pueda tener preparada para él; sin embargo, una vez que se da el salto, esperan pruebas y tribulaciones, ya que el héroe debe ser puesto a prueba antes de enfrentar el desafío final. Además, lo que una vez funcionó no continuará funcionando para el héroe, y deben aprender nuevas habilidades del Mentor para avanzar en su viaje.

A bordo del Halcón Milenario con Luke y Chewy, Luke debe luchar inmediatamente contra los cazas Tai del Imperio. Aprendemos que Luke es más que capaz de defenderse como piloto y tirador experto y que está completamente comprometido con salvar a la princesa.

Una vez a salvo, vemos a continuación a Obi-Wan enseñándole a Luke los caminos de la Fuerza. Obi-Wan sabe que la determinación y la valentía de Luke no serán suficientes para los desafíos que se avecinan, y que si alguno de los dos quiere tener éxito, Luke debe aprender una habilidad mayor.

> "Un héroe es alguien que ha dado su

> vida a algo más grande que uno mismo." -Joseph Campbell

El Abismo, La Prueba y La Transformación.

El héroe está completamente fuera de su zona de confort y se enfrentará a desafíos que son más difíciles. Los obstáculos se presentan, y solo aquellos que sean dignos del desafío los superarán.

Además, el Héroe debe encontrar aliados. Debe aprender a quién confiar y a quién no. En Star Wars, Luke desarrolla un vínculo con Han y Chewy mientras salvan a la Princesa (quien se convierte en una aliada aún más grande), y pierde a Obi-Wan ante Darth Vader.

Para el héroe, mayores pruebas le esperan, y es aquí donde reside la carne más sustanciosa de la historia. Hablando estructuralmente, nos encontramos en los Actos 3 o 4 de la historia, en el medio del libro. A menudo, el Héroe se pierde, al igual que el lector, en su viaje. Lo que una vez parecía claro y fácil ahora se torna desalentador e insuperable.

> **"La cueva que temes entrar contiene el tesoro que buscas." -Joseph Campbell**

A menudo es lo que más tememos lo que tiene la mayor recompensa. Conquistar nuestros miedos es más que solo un ejercicio psicológico utilizado por los médicos. En culturas primitivas, algo que Campbell estudió extensamente, cada niño debe enfrentarse a un gran dragón antes de que se le permita ingresar a la adultez.

¿Qué tiene que ver esto con algo? Los dragones son la creación de todos los miedos primarios del hombre: tigres, serpientes, arañas y pájaros. Todos nuestros primeros depredadores reunidos en uno solo. Por lo tanto, en las civilizaciones antiguas, los jóvenes tenían que aprender no solo a enfrentar su miedo a esta criatura sino a superarlo.

Luke ahora sabe que debe enfrentar a este malvado enmascarado Darth Vader y que debe luchar junto a la Rebelión mientras derriban la Estrella de la Muerte.

La cueva puede representar el centro de la historia y el peligro terrible o un conflicto interno que el Héroe debe enfrentar. Ya sea enfrentando su mayor miedo o su enemigo más mortal, el Héroe debe recurrir a todo lo que ha aprendido a lo largo de su viaje para superar el obstáculo frente a él. Este es el enfrentamiento final. Si el Héroe falla, o bien morirá o la vida nunca será la misma.

Apegándose únicamente a la primera película de Lucas en la trilogía original, ya que literalmente tendría a Luke entrar en una cueva y enfrentar su Sombra en una película posterior, la Estrella de la Muerte —un arma que tiene la capacidad de destruir planetas— se convierte en la cueva y Darth Vader en el dragón.

"El dragón definitivo está dentro de ti..." - Joseph Campbell

Una de las cosas que la gente no te dice cuando eres joven es que simplemente vivir es difícil. No estoy buscando excusas ni cargando el peso de tus hombros, simplemente te estoy diciendo aquí y ahora que vas a llevar ese peso toda tu vida.

Sin embargo, Campbell afirmó sucintamente el secreto de todo esto, "Sigue tu felicidad." Encuentra tu propósito, escucha a las musas, y emprende tu aventura y este peso de repente parece más soportable. ¿Por qué? Porque tienes significado.

Las metas dan enfoque al hombre. Los New England Patriots nunca podrían ganar seis campeonatos (y contando) a lo largo de dos décadas si no tuvieran metas claras.

La NFL es difícil. Lesiones, intercambios y la locura misma de la temporada, desde la prensa hasta el juego en sí, hacen que un juego de niños sea algo importante. La vida es difícil. Si el fútbol americano fuera solo otra metáfora y extrajéramos significado de ella de la manera en que Campbell lo hizo con los mitos, de repente vemos que pruebas y tribulaciones nos esperan a todos. La única forma en que puedes superar el desafío y no sucumbir bajo el peso de tu aventura es encontrando tu felicidad y llevando a cabo tu viaje hasta el final.

"Es al bajar al abismo que recuperamos los tesoros de la vida. Donde tropiezas, allí yace tu tesoro." -Joseph Campbell

La lección y el regreso a casa.

"El privilegio de toda la vida es ser quien eres." - Joseph Campbell

El enemigo ha sido derrotado. El Héroe ha sobrevivido o quizás resucitado, pero definitivamente ha sido transformado. Ya sea una lucha interna o una prueba física, el Héroe emerge de la batalla más fuerte con una lección de vida o un premio simbólico.

La recompensa suele ser un objeto sagrado o un conocimiento mayor. El tesoro, sin embargo, no es el fin importante, como señaló Hitchcock con su ahora infame "McGuffin," y es el cambio en el Héroe lo que más importa. Su viaje no ha terminado aún, ya que el Héroe debe regresar a casa con este nuevo Elixir o conocimiento.

Luke es salvado de Vader por Han. Usando la Fuerza, Luke luego destruye la Estrella de la Muerte. Por ahora, la Rebelión ha ganado.

"El objetivo de la vida es hacer que tus latidos coincidan con el ritmo del universo, emparejar tu naturaleza con la Naturaleza." -Joseph Campbell

¡Felicidades, has completado el viaje de este capítulo! ¿Cuál es tu elixir sagrado? Bueno, sería un tonto intentar escribirlo mejor que Campbell mismo:

Siglos de labranza, décadas de selección diligente, el trabajo de numerosos corazones y manos, han sido necesarios para el rastrillado, clasificación y hilado de este hilo fuertemente retorcido. Además, ni siquiera tenemos que arriesgar la aventura solos; pues los héroes de todos los tiempos han ido antes que nosotros; el laberinto es ampliamente conocido;

solo tenemos que seguir el hilo del camino del héroe. Y donde pensábamos encontrar una abominación, encontraremos un dios; donde pensábamos matar a otro, nos mataremos a nosotros mismos; donde pensábamos viajar hacia afuera, llegaremos al centro de nuestra propia existencia; y donde pensábamos estar solos, estaremos con todo el mundo.

Pasos Accionables:

-Cuestionario del diario: Si fueras el héroe de tu propia película, ¿cómo sería la historia? Escribe una propuesta de película. ¿Cuál es tu Mundo Ordinario? ¿Qué deseas hacer en secreto? ¿Quiénes podrían ser tus mentores? ¿Qué obstáculos enfrentarás? ¿Qué Sombra se interpone en tu camino? ¿Qué te da miedo hacer? Y, ¿a dónde debes viajar para encontrar las respuestas?

Día 4: Hacer

"Si no puedes volar, entonces corre. Si no puedes correr, entonces camina. Si no puedes caminar, entonces gatea, pero de todas maneras, sigue moviéndote." - Martin Luther King Jr.

La vida es un viaje, y todos los viajes comienzan con un solo paso. A menudo, dejamos que el miedo controle nuestras decisiones. Tenemos miedo de incluso empezar, porque, ¿y si lo hacemos, qué entonces? ¿Y si no estamos listos? Déjame decirte, nunca lo estás. La vida está hecha para vivirse. Así que, ocúpate viviendo, o muérete ocupado. ¿Qué es algo que te ha dado miedo intentar? ¿Dónde es un lugar al que siempre has querido visitar? Si tuvieras total libertad, ¿qué harías con tu tiempo? Encuentra una respuesta a una de estas preguntas, y luego encuentra la forma de hacerlo. ¿Quieres viajar a Italia pero no tienes el tiempo o los fondos, entonces ve a un restaurante italiano y pide una buena botella de vino? ¿Quieres escribir un guion, pero no sabes por dónde empezar, entonces mira un documental sobre la realización de películas y mira cómo lo hicieron otras personas? Da un paso pequeño hacia tu objetivo. Alinea tus acciones con dónde quieres estar y haz algo, incluso si es tan simple como tomar un martini agitado, no revuelto.

Capítulo 3:

"Si no apuntas a nada, siempre lo conseguirás." - Zig Ziglar

Establece tus metas.

Ha sido repetido por mil otros autores, pero merece ser repetido nuevamente. No hay consejo más práctico en este planeta que establecer metas.

Seré honesto. Odiaba esta frase por mucho tiempo. En la preparatoria, no soportaba cuando los "conferenciantes motivacionales" venían a la escuela. En la universidad, odiaba, aún más, a los hombres y mujeres que desfilaban como charlatanes promocionando "cómo tener éxito" después de la universidad, o los "secretos para ganar dinero".

Debido a esta animosidad hacia las palabras de moda para el éxito y el jerga alegre, me alejé de muchos de los ponentes, autores y figuras que podrían haberme guiado mejor.

Hilary Hinton "Zig" Ziglar fue un encantador autor, vendedor y conferencista motivacional estadounidense originario del condado de Coffee, Alabama. Autor de quince libros y numerosos seminarios, Zig fue el conferencista motivacional por excelencia.

Divertido con una voz como la melaza, Zig siempre tenía un chiste a la mano y una historia lista; sin embargo, por lo que fue más famoso fue por su defensa de establecer metas.

"Falta de dirección, no falta de tiempo, es el problema. Todos tenemos días de veinticuatro horas." - Zig Ziglar

A continuación se presenta un resumen y ejemplificación del proceso de siete pasos de Zig para establecer metas claras y precisas.

¿Por qué estamos empezando aquí? Porque, si no sabes a dónde vas, ¿cómo sabrás cuándo llegues allí?

Antes de continuar, dos notas rápidas:

1) Escríbelo, y 2) Date tiempo.

"No tienes que ser fantástico en algo para empezar, pero tienes que empezar para ser fantástico en algo." - Zig Ziglar

Paso 1: Indicar el objetivo

¿Qué quieres? Sea lo que sea, escríbelo. Escríbelo en un pedacito de papel y llévalo contigo. Escríbelo en tu pared. Escríbelo en tu pizarra blanca. Toma una foto de ello y guárdala como fondo en tu teléfono.

Cualquier cosa que hagas, asegúrate de tener muy claro cuáles son tus objetivos y hacia dónde te diriges.

"Las personas sobresalientes tienen algo en común: Un sentido absoluto de misión." - Zig Ziglar

Bruce Lee dijo: "Una meta no siempre está destinada a ser alcanzada, a menudo sirve simplemente como algo en lo que apuntar." A veces, lo que intentamos lograr no es donde terminamos, sin embargo, es el viaje lo que nos cambia.

Paso 2: Establecer un Plazo

El fútbol tiene cuatro cuartos. El béisbol tiene nueve entradas. El hockey tiene tres periodos, y nadie realmente entiende por qué. La cuestión es que todo tiene un plazo. Los deportes, las películas, los libros, todos tienen un final en mente. Establece el tuyo.

Paso 3: Identificar los obstáculos

"A veces la adversidad es lo que necesitas enfrentar para ser exitoso" - Zig Ziglar

Si fueras el héroe de tu propia película, entonces ¿adivina qué? Te vas a enfrentar a desafíos. Lee cualquier libro sobre escritura de guiones como "Save the Cat" de Blake Snyder o "Story" de Robert McKee y ¿sabes cuál es la única cosa que todos tienen en común? Los personajes deben enfrentar obstáculos. Por lo tanto, ¿cómo es tu vida diferente? Sin embargo, el gran poder que tienes en tus manos es la imaginación. Puedes imaginar cuáles serán los desafíos a los que te enfrentarás. Por lo tanto, escribe qué crees que serán los obstáculos que se interpondrán en tu camino.

Pero ¿adivina qué? Habrá algunas pruebas imprevistas. Habrá desafíos que no viste venir. Y al igual que una novela o una película, también hay una respuesta para eso: tu reparto de apoyo.

Paso 4: Identifica a las personas, grupos y organizaciones que pueden ayudar

Existe el gran mito americano del "Self-Made Man". Lo hizo solo. Salió a la naturaleza salvaje y sobrevivió. Luego volvió con un tesoro que salvó al mundo.

Estoy aquí para decirte ahora, nadie lo hace solo. Los novelistas necesitan editores. Los guionistas necesitan directores. Los jugadores de béisbol necesitan entrenadores. Además, todos necesitamos ayuda de una forma u otra.

"Obtendrás todo lo que quieras en la vida, si ayudas lo suficiente a otras personas a obtener lo que quieren." - Zig Ziglar

No importa cuántas veces diga la prensa que Michael Jordan fue el mejor jugador de baloncesto de todos los tiempos, o que Tom Brady es el G.O.A.T., o que el Martillo de Dios Mariano Rivera fue el mejor cerrador, todos debemos recordar una cosa simple: era un equipo. Jordan no ganó nada antes de Phil Jackson y Scottie Pippen, por no mencionar que había otros tres jugadores en la cancha. Brady tendría dificultades para lanzar pases a sus receptores sin una potente línea ofensiva y un brillante entrenador en jefe, y Rivera nunca habría cerrado tantos juegos si su equipo no lo hubiera puesto allí en primer lugar.

Paso 5: Enumera los Beneficios de Alcanzar el Objetivo

¿Qué sucede cuando llegas a la cima de la montaña? ¿Hay un trofeo? ¿Dinero? ¿Poder?

La carretera va a ser difícil. Nada que valga la pena conseguir es fácil. Cuando los tiempos se ponen difíciles, lo primero que falla es tu sentido de misión. La primera pregunta que te harás es, "¿Por qué estoy haciendo todo esto?"

"Lo que obtienes al lograr tus metas no es tan importante como lo que te conviertes al alcanzar tus metas." - Zig Ziglar

Una de las mejores cosas que podemos hacer para profundizar es aferrarnos a nuestra curiosidad infantil y preguntar, "¿Por qué?" ¿Por qué quiero esto? ¿Por qué hago esto? ¿Por qué esto es tan importante para mí? Nos estamos volviendo mentalmente más fuertes, lo que significa que debemos hacernos preguntas que otras personas no están dispuestas a enfrentar.

Paso 6: Enumere las habilidades que necesita adquirir para alcanzar el objetivo

Nadie nació con un kit completo. LeBron James puede ser el jugador de baloncesto más completo que haya jugado el juego. Es alto, fuerte y mentalmente apto para liderar a su equipo; sin embargo, no comenzó así.

Puede haber sido bendecido con altura, pero para ser el jugador que quería ser tuvo que aprender a tirar, a liderar y a ser el jugador que sus compañeros necesitaban que fuera.

Si Lebron James tiene que trabajar todos los días para mejorar, ¿qué crees que deberías estar haciendo?

"El MIEDO tiene dos significados: 'Olvida Todo y Corre' o 'Enfrenta Todo y Sube'. La elección es tuya." - Zig Ziglar

Este es otro tema común que vemos en novelas. El héroe toma la decisión de buscar la aventura. Sin embargo, la persona que es al comienzo de su viaje no es la persona que puede obtener el premio. Luke Skywalker no está listo para ser un Jedi al comienzo de Star Wars, le faltan el conocimiento y las habilidades. Frodo Bolsón no solo necesita aliados, sino que debe descubrir la fuerza para llevar el anillo hasta el Monte del Destino.

Paso 7: Desarrollar un Plan

El último paso, basado en el conocimiento que has recopilado, ¿cuál es tu mejor curso de acción?

No te estoy pidiendo que seas un gran maestro de ajedrez y diseñes 261 escenarios desde tu jugada de apertura. Esto no es Go.

Después de hacerte las preguntas anteriores, ¿cuál es el primer paso que debes tomar? Hay un dicho en la improvisación, "Trae un ladrillo." Lo que significa es que corresponde al intérprete de improvisación traer una idea, traer el primer paso. ¿Dónde empezamos? Luego, permite que la imaginación y la ingeniosidad se apoderen.

"La gente suele decir que la motivación no dura. Bueno, tampoco lo hace el baño, por eso recomendamos hacerlo diariamente." - Zig Ziglar

A menudo, nos volvemos temerosos del tamaño enorme del proyecto. "No puedo escribir un libro," nos decimos a nosotros mismos, o, "Nunca podría levantar 400 lbs." Y es verdad. En este momento, no puedes escribir un libro. No puedes levantar 400 lbs. Se necesita tiempo. Se necesita práctica. Se necesita un plan.

Un novelista solo puede abordar un capítulo, un párrafo, una oración a la vez. Un levantador solo puede levantar lo que su cuerpo es capaz de levantar hoy, y luego, mañana, regresará y levantará lo que su cuerpo es capaz de levantar.

Mike Tyson tiene una gran cita sobre los planes, "Todo el mundo tiene un plan hasta que les golpean en la boca." ¿Significa esto que debemos abandonar todo pensamiento avanzado e improvisar todo el viaje? No.

Tyson fue una furia de fuerza en el ring de boxeo, y planeaba ser tan tenaz, tan violento que el plan de su oponente no podía prevalecer. Impuso su voluntad sobre su oponente.

El punto es que los planes mejor trazados salen mal. Nada funciona como se supone que debe. Esto no significa que no debamos planificar, simplemente indica que planificamos y tomamos decisiones según nuestro mejor criterio, y luego, cuando llega el momento, debemos "ser como el agua" como diría Bruce Lee y adaptarnos a nuestro entorno.

Establece tu objetivo, haz un plan y toma acción.

Día 6: Sueño

"Un sueño no se convierte en realidad a través de la magia; requiere sudor, determinación y trabajo duro." - Colin Powell

Tal vez tengamos la idea de la magia de Harry Potter arraigada en nuestras mentes de niños porque el mundo parece inexplicablemente soleado. A medida que envejecemos y el matiz de lo que era vibrante disminuye, perdemos interés en tales cuentos de hadas. De repente, la vida parece difícil y el camino parece largo. Sin embargo, olvidamos que lo que una vez se consideró magia es hoy algo común. La magia es simplemente conocimiento aún no descubierto. ¿Cómo se vería un iPhone para un aldeano durante la Edad Media? Todas estas cosas, tan reales como lo son hoy, fueron una vez ideas. Fueron una vez sueños. ¿Cuáles son tus sueños más grandes? Si nadie se enterara nunca, y créeme que la mayoría del mundo no le importa un bledo, ¿qué le pedirías al mundo? ¿Cuál es tu mayor sueño? ¿Cómo puedes hacer realidad ese sueño? ¿Alguien más lo ha logrado? Presta atención a tus intereses y a tus héroes, son la luz guía hacia tu yo interior.

Capítulo 4:

"Si el desafío que enfrentamos no nos asusta, entonces probablemente no es tan importante." Tim Ferriss

Escríbelo.

Las personas exitosas mantienen diarios. Las notas de Marcus Aurelius para sí mismo se han convertido en uno de los mejores libros sobre filosofía personal jamás escritos. El estadounidense por excelencia Benjamin Franklin escribía tanto que alabamos desde Silence Dogood hasta su libro personal.

Llevar un diario es una de las herramientas más poderosas disponibles para el ser humano, y sin embargo, muchas personas lo dejan de lado. ¿Por qué?

"¿Sobre qué escribo?" preguntan las personas, o "No tengo nada importante que decir". No se trata de publicar la próxima gran novela americana o cumplir con las expectativas de Tom Wolfe. Llevar un diario se trata de profundizar y descubrir quién eres.

¿Por qué escribir?

Hasta que desarrollen una aplicación que sincronice tus ondas cerebrales con un psicólogo desarrollado personalmente para ti por los mejores codificadores en Silicon Valley, el papel y el lápiz son las mejores herramientas que tenemos para moldear nuestra mente.

Junto a la lectura, no hay una herramienta más poderosa para perfeccionar tus pensamientos.

Sin embargo, reverenciamos tanto a grandes autores como Maya Angelou y Ernest Hemingway que nos comparamos con ellos, y como una vez señaló un gran hombre, "la comparación es el ladrón de la felicidad". Imagina si tu entrenador en el gimnasio te pusiera a correr una carrera de 40 yardas, pero luego para "inspirarte" Usain Bolt se acercara a tu lado. ¿Crees que vencerías al Hombre Más Rápido del Mundo?

No. Él te dejaría en el polvo, pero cuando entrenamos en el gimnasio o en la página no estamos levantando y corriendo para competir en los próximos Juegos Olímpicos, estamos dedicando tiempo para mejorar nosotros mismos.

Creo que las personas tienen miedo de escribir, no tanto por lo que podrían encontrar, sino por un temor similar al miedo a hablar en público. Es un miedo al juicio, sin embargo, lo crítico es que es autojuicio.

"Lo que más tememos hacer suele ser lo que más necesitamos hacer." - Tim Ferriss

Es un falso ideal que las personas llevan consigo que los grandes autores, dramaturgos y novelistas se sientan frente a un teclado y de repente se conviertan en Mozart, que sean una especie de sabio capaz de convertir las teclas de la computadora en golpes de piano y producir a Chopin sin ningún trabajo previo o partitura.

Entonces, cuando intentamos hacer lo mismo, descubrimos que nuestras mentes se tropiezan, se estancan y simplemente no producen la veraz elocuencia que "sabemos" que poseemos.

Ingrese Timothy Ferris, autor, podcaster y life hacker. Enumerado como uno de los "Most Innovative Business People" de Fast Company, fue inversor y asesor tecnológico en etapa inicial y autor de cinco bestsellers, destacando especialmente "La semana laboral de 4 horas." Quizás se volvió más famoso cuando lanzó el podcast The Tim Ferris Show, un podcast de estilo de entrevista donde Tim preguntaba a los más brillantes y mejores del mundo cómo hacen lo que hacen, y se convirtió, como señaló el Observer, en "la Oprah del audio."

Si quieres profundizar en Ferris, echa un vistazo a sus cinco libros y comienza desde el Episodio 1 de su podcast, ambos proporcionan excelentes ejemplos de cómo construir tu fortaleza y muchas de las personas citadas en este libro como David Goggins y Jocko Willink han aparecido en el programa; sin embargo, en el espíritu de Ferris, para "hacer más con menos" vamos a centrarnos en una de sus herramientas más poderosas, el diario de cinco minutos.

Inspirado por otro autor, Tim condensó sus diarios en ráfagas rápidas para calmar su "mente de mono".

Citando a Cameron, "Una vez que plasmamos esos pensamientos embarrados, enloquecedores y confusos [preocupaciones nebulosas, nerviosismo y obsesiones] en la página, enfrentamos nuestro día con ojos más claros".

De esta manera, la escritura es una herramienta que se puede y se debe utilizar. El punto aquí no es convertirse en un escritor, sino fortalecer, aclarar y hacer más productiva tu mente. Nadie leerá nunca lo que escribas aquí. El objetivo es limpiar tu mente. De esta manera, el proceso es el punto, el viaje es el camino.

"No escribo un diario para ser productivo. No lo hago para encontrar grandes ideas, o para escribir prosa que pueda publicar más tarde. Las páginas no están destinadas a nadie más que a mí."

Entonces, ¿qué es?

"La gente elegirá la infelicidad sobre la incertidumbre." - Timothy Ferriss

Para Ferris y Cameron en general, están tratando de resolver las cosas y encerrando su mente de mono. El punto es darnos un lugar al cual ir, al comienzo de un día, y sintonizarnos con nosotros mismos. Podemos descubrir nuestros objetivos, establecer nuevos, encontrar matices en nuestras vidas, anotar eventos importantes, descubrir historias, recordar chistes, establecer modelos mentales, lo que sea. El punto no es ser ingenioso, inteligente o listo. No estamos escribiendo para que un día un estudiante de posgrado de Harvard pueda escribir una disertación sobre nuestros cuadernos. Demonios, si Shakespeare hubiera sabido lo que sus obras llegarían a ser, tal vez no hubiera tenido la fuerza para escribir Ricardo III.

En segundo lugar, tu diario no es un psiquiatra. No está destinado a resolver nada. Su objetivo es materializar tus pensamientos e ideas para que puedas verlos en la página. Los guionistas hablan de "poner las bases" para comenzar un guion y hacer que las cosas empiecen a funcionar. Aquí, estamos escribiendo nuestras bases, para que, potencialmente, las podamos estudiar a fondo.

Aunque resulte en quejarte sobre tu día, el pensamiento está ahora en papel y no tiene que consumirte durante las próximas 24 horas.

"Enfócate en ser productivo en lugar de estar ocupado." - Tim Ferris

Pasos Accionables:

Cada mañana durante los próximos 26 días, escribe durante cinco minutos cuando te despiertes por primera vez. Hay dos formas de abordar el diario. Primero, dedica cinco minutos para escribir un flujo de conciencia sobre cualquier cosa que venga a la mente. Si encuentras que quieres seguir escribiendo, ¡adelante!

Dos, si te sientes confuso, con prisa, o simplemente falta la fuerza para sacar un tema de la nada, utiliza las siguientes indicaciones para estimular tus respuestas. En este método, nos centraremos en la gratitud, intereses, la chispa en nuestra vida cotidiana, afirmaciones y metas.

1. Estoy agradecido por...x 3
2. Hoy sería increíble si...
3. Un momento digno de ser contado de ayer fue...
4. Soy...x3

5.
Si solo logro una cosa hoy es…

Asegúrate de despertarte lo suficientemente temprano para hacer esto. El punto aquí es crear un hábito y darte tiempo.

-¿Te quedaste dormido? ¿Vas tarde? No te preocupes. Ponte al día cuando tengas la oportunidad y resuélvelo. Estamos construyendo una nueva rutina para tu cerebro. Una galleta no arruina tu dieta, pero comer toda la bolsa sí. Si te pierdes una mañana, no te pierdas un mes.

"Las condiciones nunca son perfectas. 'Algún día' es una enfermedad que llevará tus sueños a la tumba contigo." Tim Ferriss

Día 8: Escribir

"El primer borrador es simplemente contarte a ti mismo una historia" - Terry Pratchett

Escribe tus pensamientos. Escribe tus ideas. Escribe los momentos fugaces de tu vida cuando la luna ilumina el camino. Comienza tu diario, aunque sea solo un párrafo a la vez. No hay nada más poderoso que ver tus pensamientos convertirse en realidad, ya sea en forma de historia, ensayo o simplemente pensamientos aleatorios sobre la cultura popular. No es necesario publicar esto, no estás escribiendo para una audiencia. Estás escribiendo para ti mismo.

Capítulo 5:

"Verdadero poder de voluntad. Voy a (expletive) fallar, voy a (expletive) fallar, voy a (expletive) fallar, y tendré éxito." - David Goggins

Vas a fracasar.

Para lograr cualquier cosa, primero debemos aprender, no solo a fracasar sino a aprender de nuestros fracasos.

Jordan fue cortado de su equipo de baloncesto de la escuela secundaria, Walt Disney fue despedido por falta de imaginación, Elvis Presley, Lucille Ball y Carol Burnett les dijeron que empacaran y se fueran a casa debido a su "asombrosa" falta de talento.

Y sin embargo, sus nombres perduran, sus detractores no (después de todo, Teddy Roosevelt nos recuerda que es "El hombre en la arena" lo que más importa).

Ante todo, el fracaso es una oportunidad para aprender. El Gran Bambino Babe Ruth, una vez dijo: "Cada strike me acerca más a mi próximo cuadrangular".

Para ahora alguien ha citado la frase de Thomas Edison. Si no, aquí está la versión de Nicholas Cage de La Búsqueda Nacional, "Sabes, Thomas Edison intentó y fracasó casi 2,000 veces en desarrollar el filamento de hilo de algodón carbonizado para la bombilla incandescente...Y cuando le preguntaron al respecto, él dijo "No fracasé; descubrí 2,000 formas de no hacer una bombilla", pero solo necesitaba una manera de hacerla funcionar."

Justo al lado de la Gran Wayne Gretzky "Te pierdes el 100 de los tiros que no tomas," y de Jordan, "He fallado más de 9,000 tiros en mi carrera. He perdido casi 300 partidos. Veintiséis veces se me ha confiado tomar el tiro ganador del juego y he fallado. He fracasado una y otra vez en mi vida. Y es por eso que tengo éxito."

Sin embargo, creo que podemos hacer algo mejor que un póster inspirador de oficina colgado detrás del escritorio de tu jefe. Un cliché puede ser algo que en algún momento fue cierto, pero ha sido tan machacado que ni siquiera las moscas lo tocarían.

Entra David Goggins.

"Vas a fracasar, vas a estar en tu cabeza, y vas a estar diciendo que no soy lo suficientemente bueno. Se trata de cómo superas eso." - David Goggins

Goggins conoce el fracaso. ¿Por qué? Porque ha recibido todos los golpes, ha quemado cada filamento y ha hecho estallar cada bombilla.

Goggins es un Navy SEAL retirado y alguien que será mencionado muchas veces en este libro. Es el único miembro de las Fuerzas Armadas de los Estados Unidos en completar el entrenamiento SEAL (incluidas dos Semanas del Infierno), la Escuela de Rangers del Ejército de los Estados Unidos (donde se graduó como Hombre de Honor) y el entrenamiento de Controlador Aéreo Táctico de la Fuerza Aérea.

Goggins es un hombre muy experimentado. En un momento tuvo el récord mundial de Guinness de dominadas (4,030 en 17 horas). Como atleta de resistencia, Goggins ha completado más de 60 ultramaratones, triatlones y ultratriatlones, terminando regularmente entre los cinco primeros y estableciendo récords en el camino.

Sin embargo, no siempre fue el hombre exitoso que es hoy.

A finales de la década de 1990, después de pasar cuatro años en la Fuerza Aérea, Goggins pesaba casi 300 libras. En ese momento le dijeron que era demasiado pesado para superar el entrenamiento de los SEAL. En menos de tres meses, regresó pesando 190 libras.

Si le preguntaras a Goggins o leyeras sus libros fenomenales sobre la fuerza mental, sería la primera persona en decirte que todos los premios, medallas, elogios y artículos de revistas no significan nada. No es lo que buscap.

"Es tan fácil ser genial hoy en día porque todos los demás son débiles. Si tienes CUALQUIER fortaleza mental, si tienes cualquier fracción de autodisciplina; La capacidad de no querer hacerlo, pero aún así hacerlo; Si puedes llegar a hacer cosas que odias hacer: en el otro lado está la GRANDEZA" - Citas de David Goggins

No está tratando de ser el número uno en el mundo. No le interesa cuántas carreras ha corrido. No lleva cuenta de las millas que ha recorrido. No hay marcador.

Para Goggins, se trata de desafiarse a sí mismo día tras día. Se trata de elegir ponerse a prueba, de poner obstáculos delante de uno mismo. Se trata de correr las carreras más difíciles y realizar los tests militares más desafiantes para ver de qué está hecho. El sufrimiento, el sudor y el sacrificio son parte del viaje de autodescubrimiento.

"Al final del día, el trabajo duro puede no ser suficiente. Todavía puedes fallar. Pero sigues saliendo y vas tras ello." - David Goggins

Otro hombre militar y fracaso infame, Sir Winston Churchill, compartiría un sentimiento similar en su época, "El éxito es la capacidad de ir de fracaso en fracaso sin perder el entusiasmo."

El punto de todo esto es que todos los héroes fallan. Vivimos en una época en la que la gente comparte sus momentos destacados con nosotros todos los días en Instagram. El sueño de celuloide de Hollywood ha llegado a nuestros hogares y ha dado a todos el derecho de ser su propio gerente de relaciones públicas.

Lo que no vemos es cuántas veces Conor McGregor fue derribado antes de aprender a luchar. Lo que no entendemos son los incontables pases que Tom Brady y los Patriots de Belichick tomaron antes de unirse en 2000.

¿Por qué caemos? Para que podamos aprender a levantarnos.

Aprende a recibir los golpes.

"Un guerrero es un tipo que dice 'Estoy

aquí de nuevo hoy. Estaré aquí de nuevo mañana y al día siguiente.' Es una persona que no pone límites a lo que es posible." - David Goggins

Pasos accionables:

Comienza hoy. Sea lo que sea, comienza hoy. ¿Quieres escribir un libro? Escribe el esquema. ¿Quieres ganar músculo? Únete al gimnasio. Da el primer paso hacia el nuevo tú. ¿Por qué? Porque vas a fracasar, y cuanto antes comiences a fracasar, más rápido podrás empezar a mejorar.

Día 10: Chupar

"El fracaso no es fatal, pero la falta de cambio podría ser" - John Wooden

Atrévete a probar. Atrévete a hacer algo fuera de tus límites. Los grandes luchadores buscan el verdadero desafío. Los practicantes de Jiu-Jitsu no buscan vencer al cinturón blanco, sino encontrar el desafío que les acelere el corazón y les haga correr la mente. ¿Cuánto de la vida nos perdemos al quedarnos en nuestro camino? Todos seguimos siendo ese niño con miedo de molestar a sus amigos. Bueno, hoy no. ¿Qué es algo que te parece fascinante? ¿Qué es algo que te aterra? ¿Siempre has querido aprender esgrima? ¿Y qué tal baile o canto? Encuentra un lugar para arriesgarte y asustarte a ti mismo. Haz algo que te recuerde que estás vivo y que realmente puedes hacer lo que quieras.

Capítulo 6:

"La relajación se produce solo cuando se permite, no como resultado de 'intentar' o 'forzar'." - Timothy Gallwey

No hay nada como estar en la zona. Cuando éramos niños, todos nos imaginábamos en el momento: última entrada, sin tiempo en el reloj, cuarta oportunidad a una yarda de la anotación, abajo por dos puntos y el juego en juego. El tiempo se ralentiza. La multitud contiene el aliento. Un silencio se apodera de la arena.

El deporte saca lo mejor de nosotros. Nos da un enfoque y una vía de escape. Pide lo mejor de nosotros. Eleva nuestras esperanzas, aplasta nuestros sueños y une a las personas más allá de las líneas políticas.

También requiere un nivel de dominio mental más allá del de la vida cotidiana. Lanzar un juego perfecto, hacer un águila, o encestar un tiro libre es tanto mental como físico. Suma a la tarea una multitud de miles de fanáticos gritando, cámaras, y la posibilidad de vivir en la infamia en internet, y tienes un jackpot de ansiedad.

El juego es difícil, y requiere horas y horas para ser competente, y mucho menos bueno. Uno de los grandes cambios en el deporte en la última década es el enfoque en el entrenamiento mental.

La meditación es una palabra de moda hoy en día. Los gurús se han subido al tren de la atención plena, y con razón. Sin embargo, si las imágenes de tazas acogedoras y palmas hacia arriba no son lo tuyo, ¿cómo puedes utilizar esta disciplina práctica?

Lo que espero ofrecerte en este capítulo es otra herramienta, sin tonterías. No pretendo atacar las tradiciones ancestrales ni interferir en la práctica, pero a veces el retiro de yoga y el incienso pueden quitarle importancia al ejercicio.

¡Con eso en mente, por qué meditar?

La práctica ofrece mayor felicidad y paciencia. Reduce los niveles de estrés y depresión. Nos brinda una herramienta para lidiar con la ansiedad y en última instancia nos proporciona una forma de disciplinar nuestra mente.

La meditación se trata de entrenar tu mente, de manera sencilla y simple. Se trata de desarrollar la concentración y la conciencia, y de desarrollar un sentido de perspectiva. Se trata de observar tus pensamientos y sentimientos y crear espacio para que puedas ver cómo funciona tu mente y entenderte mejor.

Del mismo modo, la atención plena, una especie de hermano de la meditación, consiste en centrarse en el presente y estar completamente comprometido en el momento.

Al tomar conciencia, podemos entender mejor la conexión entre nuestros pensamientos y cómo surgen esos pensamientos.

Vivimos en una era de acceso instantáneo. Con un simple deslizamiento de dedo, podemos ser llevados a un imperio en desarrollo, ponernos al día con amigos en todo el país o ser bombardeados con noticias de todo el mundo. Es fácil ser entretenido hasta el punto de la vegetación. Desconectarse del mundo que nos rodea es sencillo.

Es una práctica y experiencia. Es una manera de cultivar conciencia y entrar en contacto con quiénes somos y descubrir claridad, compasión y, ¿me atrevería a decirlo?, paz. Al hacer esto, aprendemos a vivir en el momento y aceptar nuestra "mente de mono".

De esta manera, nuestro diario de la mañana se convierte en una meditación, al igual que nuestro recorrido de 5 km o nuestro tiempo en el gimnasio. No se trata únicamente de sentarse en silencio en un espacio sereno con agua goteando por las paredes. La meditación se puede hacer en cualquier lugar, en cualquier momento, con los ojos abiertos o cerrados.

No estamos tratando de ser monjes budistas, yoguis, o maestros Jedi.

Si tu objetivo es volar y entrenar con monjes tibetanos, entonces, por todos los medios, vuela en ese avión a reacción. Si, sin embargo, tienes otros objetivos en mente, entonces la práctica ofrecida aquí es darte otra herramienta para desarrollar claridad mental y resistencia.

De hecho, si quieres ver el poder de la concentración y el beneficio de las meditaciones en movimiento no busques más allá de la televisión.

Los atletas son ejemplos destacados de personas que han desarrollado una meditación práctica dentro de sus deportes. No ha habido un libro más excepcional escrito sobre esto que "El juego interior del tenis" de Timothy Gallwey.

> "Se dice que al respirar, el hombre recapitula el ritmo del universo. Cuando la mente se encuentra fijada en el ritmo de la respiración, tiende a volverse absorbida y tranquila." - Timothy Gallwey

Aquí cambiamos las metáforas. En la meditación, la práctica consiste en centrarse en la respiración. En el tenis, la práctica consiste en centrarse en una pequeña pelota de colores brillantes que casualmente se mueve a velocidades extremas. En ambos casos, ¿quién o qué es el enemigo? ¿Es el oponente? ¿Es la multitud? ¿Es la pelota o la respiración?

Ninguno de ellos. Al final, el enemigo eres tú mismo. Competimos con quien éramos el día anterior para mejorar, pero con demasiada frecuencia, nos tratamos a nosotros mismos como un enemigo y no como un aliado.

Nos castigamos con un diálogo interno vergonzoso y comentarios a nuestra psique que harían sonrojar a nuestras madres. Como señala Gallwey, los atletas deben aprender a relajar estos pensamientos inútiles. Tal vez sea útil ser exigente contigo mismo cuando estás entrenando y no conformarte con menos, pero en el momento, cuando el juego está en marcha, debes aprender a dejarlo fluir.

> "El jugador del juego interior llega a valorar el arte de la concentración relajada por encima de todas las demás

habilidades; descubre un verdadero fundamento para la autoconfianza; aprende que el secreto para ganar cualquier juego radica en no esforzarse demasiado." -Timothy Gallwey

Como en la meditación, Gallwey predica la idea de un enfoque de "mente relajada" para el juego. En otras palabras, un atleta no puede forzar al juego a que venga a ellos, deben dejar que fluya. O, como dijo una vez el más notable maestro Jedi Yoda, "La fuerza de un Jedi fluye a través de la Fuerza".

El flujo es el objetivo final. No podemos forzar la voluntad de otras personas para que se doblegue a la nuestra, ese es el camino del Lado Oscuro. En cambio, debemos aprender a trabajar en congruencia con nuestros pensamientos. Debemos entrenar nuestros cerebros para relajarse y aceptar el momento, en lugar de luchar por un pasado que no existe y un futuro compuesto solo de ideales.

En el deporte y en la meditación, buscamos una concentración relajada. Esto, como señala Gallwey, es el arte supremo porque nada se puede lograr sin ella. Ya sea que lo llamemos estado de flujo, en la zona, o encendido, todos hemos experimentado esa sensación de excelencia sin esfuerzo. Un deporte como el tenis nos da la habilidad física para desarrollar esta habilidad. Una práctica como la meditación nos da la disciplina intelectual para desarrollarla. Para aprender este arte, se necesita práctica, y la belleza de esta práctica es que la concentración, el flujo y la atención plena se pueden practicar en cualquier momento y en cualquier lugar.

"Se requiere el desarrollo de habilidades internas, pero es interesante notar que si, mientras aprendes tenis, comienzas a aprender cómo enfocar tu atención y cómo confiar en ti mismo, has aprendido algo mucho más valioso que cómo pegar un potente revés." - Timothy Gallwey

Pasos Accionables:

¿Qué tipo de juego juegas? ¿Compites pasivamente, analizas demasiado o te castigas a ti mismo cuando juegas? A menudo quitamos la alegría de los juegos que amábamos de niños. Encuentra ese juego y juega de nuevo, sin embargo, mientras juegas, presta atención a la conversación que tienes en tu cabeza.

Una práctica meditativa simple:

Encuentra un lugar tranquilo.

- Reserve de 3 a 5 minutos
    1.
        Encuentra un lugar cómodo. Puede ser de pie, sentado o acostado. Lo que te resulte mejor.
    2.
        Configura tu temporizador
    3.
        Cierra los ojos

4. Observa tu respiración.
5. Toma nota de tu cuerpo.
6. Toma nota de tus pensamientos. Obsérvalos, pero no te involucres con ellos.
7. Realiza en tu práctica
8. Repetir todos los días, o cuando sea necesario.

Día 12:

"Escuchar es un arte que requiere atención sobre el talento, espíritu sobre ego, otros sobre uno mismo." Dean Jackson

Instagram nos da una voz. Facebook nos da una plataforma. YouTube nos da un escape. En el mundo de hoy, todos hablan y nadie escucha. Parece que todos están esperando su turno para hablar, en lugar de abrir sus mentes. La tarea de hoy es escuchar. Llama a un amigo, programa una cita para tomar algo, o comienza una conversación con un extraño al azar, pero escúchalos atentamente. Dale tu completa atención. No revises tu teléfono. No interrumpas. Déjalos hablar y concédeles tu enfoque. La meditación es una práctica que se aplica a más que solo respirar y estirarse.

Capítulo 7:

Este capítulo no está lleno de citas o inspiración.

Esta es quizás la herramienta más simple de todo el libro: Los Cinco Porqués.

Creado por la Toyota Motor Corporation para ayudar en la resolución de problemas, el Método de los Cinco Porqués es precisamente lo que suena. Al resolver problemas, continúa preguntándote por qué hasta llegar al problema principal.

Taiichi Ohno, el creador del Sistema y autor de "El Sistema de Producción Toyota", animó a su empresa a investigar un problema hasta encontrar la causa raíz.

Este enfoque infantil produce resultados masivos. Los niños son naturalmente curiosos. Ellos nacen científicos. Quieren entender cómo y por qué las cosas funcionan de la manera en que lo hacen.

Entonces, en algún momento de nuestra juventud, esa curiosidad es golpeada fuera de nosotros. Nos dicen que nos sentemos, callemos y escuchemos. Haz lo que se te dice. Sigue las instrucciones. No pienses fuera de la caja.

Por lo tanto, cuando al niño se le pide un día que liderar, a menudo, nos faltan las habilidades necesarias para autoanalizarnos porque todo lo que hemos hecho toda nuestra vida es seguir instrucciones.

Estamos construyendo modelos mentales, métodos para desafiar y manejar desafíos. El Método de los Cinco Porqués nos permite analizar nuestro rendimiento y fracasos de una manera constructiva para descifrar qué salió mal.

Cuando fallamos, enfrentamos un obstáculo, o simplemente queremos entender una creencia o valor, es mejor mirar el concepto con un enfoque metodológico.

La primera razón es simple, "¿Por qué ocurrió 'X'?" Por lo general, la respuesta se presenta bastante rápido y eficientemente. Los humanos son buenos señalando con el dedo y evaluando la culpabilidad. Incluso las capas segunda y tercera pueden aparecer rápidamente; sin embargo, las cuarta y quinta capas suelen traer los mejores resultados al llegar a un nivel más profundo de pensamiento crítico.

Para nosotros, el primer por qué también está en línea con la charla TED de Simon Sinek, que es, nuestro propósito. Por qué hacemos lo que hacemos es más importante que lo que hacemos. En un panorama más amplio, sea cual sea su recorrido, pregúntese por qué hace esta cosa. A menudo nos encontramos agrupados en carreras y caminos que no son propios. ¿A qué te sientes atraído? ¿En qué estás interesado? ¿Dónde ves cinta adhesiva?

Es mejor hacer este ejercicio, en lugar de explicarlo. Aquí están los pasos para completar el método de Toyota:
1. Identificar el Problema
2. Pregunte Por Qué Cinco Veces
3. Encuentre soluciones a la causa raíz

¿Entonces, cuál es un problema que enfrentas actualmente?

¿Por qué es un problema?

¿Por qué es eso?

¿Por qué es eso?

¿Por qué es eso?

¿Por qué es eso?

Si esta es la causa raíz, ¿cómo solucionamos este problema?

En nuestro caso, queremos desarrollar la fortaleza mental. Por lo tanto, nuestro problema inicial puede ser algo así como, "Me falta el coraje para tomar decisiones difíciles."

¿Por qué? "Tengo miedo de las respuestas que pueda encontrar."

¿Por qué? "Porque estas respuestas pueden resultar en que tenga que hacer cambios difíciles en mi vida, con los que no me siento cómodo".

¿Por qué? "Aunque no he logrado mis metas, estoy cómodo. Tengo un éxito moderado y una vida buena. Si me esfuerzo más, tal vez tenga que renunciar a eso."

¿Por qué? "Porque, a pesar de lograr algunos de mis objetivos, no los he logrado todos, y, de hecho, todavía estoy persiguiendo el pez grande. Para atraparlo, he dejado ir todas las cosas que me han llevado hasta aquí".

¿Por qué? "Porque en el fondo sé que este ligero éxito es un espejismo, una forma de decirme a mí mismo que está bien, llegué hasta aquí. Si quiero lo que digo que quiero, entonces debo seguir empujando."

Ahora, ¿cómo resolvemos el problema en cuestión? En este

ejemplo, una pregunta de "miedo" lleva a una respuesta más profunda de "propósito". El miedo a tomar decisiones difíciles era una forma de esconderse. Ahora es el momento de abordar el problema. ¿Cómo corregimos el rumbo? ¿Cómo construimos sobre este conocimiento?

Si bien el ejemplo era psicológico, el método puede ser bastante práctico. Se puede usar en cuestiones de equipos y deportes, así como en métodos y prácticas.

Pasos Accionables:

¿Cuál es un problema que estás enfrentando actualmente?

Pregúntate por qué cinco veces.

- ¿Qué puedes hacer para cambiarlo?

Día 14: Aprender

"Vive como si fueras a morir mañana. Aprende como si fueras a vivir para siempre." - Gandhi

El espíritu de hacer preguntas es aprender. En la escuela, con demasiada frecuencia se nos quita la capacidad de cuestionar. Hoy tenemos acceso a una biblioteca infinita en Alejandría. Busca algo que no entiendas, ya sea la mecánica cuántica o cómo peinar tu cabello adecuadamente. ¿Qué es algo que siempre te has preguntado? ¿No sabes quiénes son los Caballeros Templarios? ¿Qué pasó con el Arca de la Alianza? Despierta el misterio en tu vida indagando en preguntas que te emocionen.

Capítulo 8:

"El propósito de la vida es encontrar la carga más grande que puedas soportar y llevarla." - Jordan B. Peterson

Los Beatles tienen una canción poderosamente simple llamada "Carry that Weight." Solo tiene tres estrofas con varios interludios, pero en esencia, es una canción tan poderosa. Encajada entre "Golden Slumbers" y "The End," "Carry that Weight" es el tipo de canción que inexplicablemente persiste mucho tiempo después de que hayas apagado tu tocadiscos.

Escucha una de las conferencias o entrevistas del Dr. Jordan B. Peterson durante más de cinco minutos, y inevitablemente sentirás lo mismo, junto con preguntarte qué es "El Archipiélago Gulag" y tratar de entender la gravedad de Pinocho.

En los medios de comunicación, el Dr. Peterson es retratado como una figura controversial, colocándose justo en medio de las guerras culturales, pero al dedicar tiempo a investigar su material, te das cuenta rápidamente de que su mensaje es uno de significado.

"No creo que tengas ningún conocimiento sobre tu capacidad para el bien hasta que tengas un

conocimiento bien desarrollado sobre tu capacidad para el mal." - Jordan B. Peterson

El Dr. Peterson es profesor de psicología en la Universidad de Toronto, sin embargo, a lo largo de su vida ha sido lavaplatos, trabajador de gasolinera, barman, cocinero de comida rápida, apicultor, reafilador de puntas de broca de torre petrolífera, obrero de fábrica de contrachapado y trabajador de línea de ferrocarril.

"Enfrenta las demandas de la vida voluntariamente. Responde a un desafío, en lugar de prepararte para una catástrofe." - Jordan B. Peterson

El hombre de renombre en internet por promocionar la importancia jerárquica de los cangrejos y por qué todos los humanos deberían leer a Tolstoy y Nietzsche, Peterson es una especie de filósofo moral moderno.

Su serie de conferencias/texto original del libro "Mapas de significado" expone el poder de su intelecto. Después de alcanzar la fama en internet, su siguiente libro "12 Reglas para la Vida" se basa en su fama de ser un pragmatista; sin embargo, alcanzó la fama en internet después de que varias conferencias y entrevistas se volvieran virales, lanzándolo al círculo intelectual actual.

Si quieres adentrarte más en las lecciones que el Dr. Peterson tiene para ofrecer, te recomiendo sus libros, que son, como él se refiere a Nietzsche, "una serie de bombas".

Al igual que The Beatles, sus lecciones son simples, pero profundas. Son el tipo de cosas que si vinieran de nuestro padre o madre, descartaríamos como anticuadas y cliché. Sin embargo, con el Dr. Peterson, él aporta consigo años de estudio e ingenio que rivalizan con los autores de los que se inspira.

Él promueve reglas como, "Haz tu cama", o "Mantén tu casa ordenada", y "Di la verdad." Sin embargo, al mismo tiempo, emitirá una perspicacia poderosa que roza la genialidad.

> **"Cada aprendizaje es un pequeño paso hacia la muerte. Cada nueva información desafía una concepción anterior, obligándola a disolverse en caos antes de renacer como algo mejor. A veces, tales muertes casi nos destruyen." - Jordan B. Peterson**

Entonces, ¿qué puede enseñarnos un profesor de psicología canadiense sobre la fortaleza mental? El Dr. Peterson es un maestro ligeramente diferente al resto de los mentores en este libro. Sus lecciones tratan sobre el sufrimiento del hombre y el significado que podemos descubrir dentro de él. Él es un antídoto a una época que se analiza a sí misma en internet y difunde ideas no probadas como un virus a través de las redes sociales.

Él es un campeón de la sabiduría y de su uso práctico en la sociedad moderna. Es un defensor de la acción y la reflexión, de vivir la vida y aprender de ella, no simplemente intentar entender su significado desde un sillón.

"No puedes elegir no pagar el precio, solo puedes elegir qué precio pagar" - Jordan B. Peterson

La vida es para los vivos, y sin embargo, muchos han vivido antes que nosotros. ¿Qué lecciones podemos aprender de ellos? ¿Qué sabiduría eterna ha considerado el hombre que vale la pena transmitir a través de las edades en forma de mito, historia y conocimiento?

En todos sus medios, el Dr. Peterson cree en el poder de la historia. Cree en la importancia del mito y la narrativa para ayudar a los humanos a procesar información difícil.

En el drama, los dramaturgos y actores aprenden la importancia de la elección. A los actores se les dice que un personaje se trata de decisiones. ¿Qué hace tu personaje? No de qué hablan que van a hacer o filosofan sobre lo que van a hacer, sino ¿qué hacen realmente? Los dramaturgos y guionistas elaboran sus historias para depender de la importancia de una sola elección, una elección que se ve realzada por la suma de todas las acciones anteriores.

Si fueras el héroe en tu propia obra de teatro, ¿cuáles serían las acciones que tomarías? ¿Cuál es tu único objetivo, tu super objetivo en la vida? ¿Qué has hecho para acercarte a tu meta? ¿Qué te ha impedido? ¿Has parado? ¿Por qué? ¿Es una breve pausa o has perdido la esperanza? ¿El peso de tu carga se ha vuelto demasiado grande?

En el Capítulo 2, hablamos del viaje del héroe de Joseph

Campbell, una parte integral del enfoque psicológico de la Dra. Peterson basado en Jung que incluye discusiones sobre la importancia de la metáfora. Campbell para entender el poder del mito y la importancia del papel de la historia en nuestras vidas. Las historias nos permiten no solo proyectarnos en el protagonista, sino también ver nuestro mundo reflejado. Por lo tanto, cuando vemos algo como Pinocho o leemos algo como "El Señor de los Anillos", podemos obtener más información que simplemente entretenimiento.

En cada historia, desde Superman hasta Hamlet, el personaje elige levantar la cruz y llevarla. Ya sea que se conviertan en el héroe que queremos que sean o fracasen en completar su viaje.

En nuestra propia vida, debemos reconocer el poder de la elección y la responsabilidad de la acción. Debemos empezar a poner nuestra casa en orden y tomar nota de la manera en que tratamos a los demás y a nosotros mismos. Con demasiada frecuencia, permitimos que la vida nos lleve de un lado a otro sin hacer un balance. Nos encanta "culpar a los árbitros" por nuestra derrota en lugar de hacernos responsables de nuestros fracasos.

Es hora de ser mejor. Es tomar el control de tu propia vida y convertirte en una persona mentalmente saludable de una manera que refleje las grandes lecciones de la historia.

"Vas a pagar un precio por cada maldita cosa que hagas y por todo lo que no hagas. No puedes elegir no pagar un precio. Puedes elegir qué veneno vas a

tomar. Eso es todo." - Jordan B. Peterson

En una publicación de Quora, el Dr. Peterson enumeró 40 máximas para la vida. Aquí, lo he reducido para reflejar su segundo libro.

Otras 12 reglas de Jordan B. Peterson

1. Di la Verdad
2. No hagas cosas que odies.
3. Actúa de manera que puedas decir la verdad sobre cómo actúas.
4. Buscar lo que es significativo, no lo que es conveniente.
5. Mejora una cosa en cada lugar al que vayas.
6. No permitas que te vuelvas arrogante o resentido.
7. Trátate a ti mismo como si fueras alguien a quien eres responsable de ayudar.
8. Nada bien hecho es insignificante.
9. Vístete como la persona que quieres ser
10. Leer algo de alguien genial

11.
   Recuerda que lo que aún no sabes es más importante que lo que ya sabes.
12.
   Sé agradecido a pesar de tus sufrimientos

Pasos Accionables:

- Pregunta para escribir en un diario: ¿Qué carga eliges soportar? ¿Qué precio estás dispuesto a pagar por tus metas? ¿Qué es importante para ti?

¿Qué gran libro siempre has querido leer? Comiénzalo junto a este Libro.

Haz una lista de tus propias 12 Reglas para la Vida.

Día 16: Levantar

"Solo recuerda, en algún lugar, una niña china está calentando con tu máximo." - Jim Conroy

¿Levantas pesas, hermano? Todos llevamos un peso metafísico y a veces no hay mejor manera de liberarse de esa carga que levantando cosas pesadas y soltándolas. Hoy, mueve tu cuerpo. Si no haces ejercicio, prueba una rutina de peso corporal. Si levantas pesas, haz yoga. Haz algo, cualquier cosa, que desafíe y expanda tanto tu mente como tu cuerpo. Ambos no están separados sino entrelazados. Hay tanta inteligencia en nuestros dedos como en nuestro córtex. Si quieres construir una mente más fuerte, comienza construyendo un cuerpo más fuerte.

Capítulo 9:

"La fuerza mental es salir y hacer lo mejor para el equipo, incluso si todo no va exactamente como quieres." - Bill Belichick

Por un tiempo, Bill Belichick estuvo en la contienda por ser el mejor entrenador en la historia del fútbol profesional. Este año, 2019, el debate ha terminado.

Para los no iniciados, Belichick ha llevado a los New England Patriots de la National Football League (NFL) a seis títulos de Super Bowl (2002, 2004, 2005, 2015, 2017 y 2019), lo cual es la mayor cantidad para un entrenador en jefe de la NFL. Para profundizar un poco más, Belichick ha tenido más apariciones en el Super Bowl que cualquier otra franquicia de la NFL (los Steelers, Cowboys y Broncos todos están en segundo lugar con 8 mientras que Belichick tiene 9).

Ahora, después de ganar su sexto anillo en dos décadas y dominar la AFC Este año tras año, los New England Patriots y el entrenador en jefe Belichick han llegado a definir el éxito.

Sin embargo, para Belichick, el murmurador descontento en el micrófono cuya frase favorita es, "Haz tu trabajo", el éxito no llegó rápidamente, ni fácilmente. No fue hasta que cumplió 39 años que lideró a un equipo de fútbol al campo, y aún así, terminó en desastre; sin embargo, no es el fracaso lo que define la vida de Belichick tal como lo conocemos, es ganar.

"Realizas el trabajo o no lo haces." - Bill Belichick

Belichick sirvió como entrenador asistente para los Detroit Lions, los Denver Broncos y, finalmente, los New York Jets donde fue entrenador bajo la leyenda Bill Parcells. Después de ganar dos Super Bowls con Parcels, Belichick fue contratado como entrenador en jefe de los Cleveland Browns. Allí, llevó a los Browns a solo una temporada ganadora en cinco años y fue despedido. Parcels lo recibió de vuelta en los Jets, donde fue ascendido a entrenador en jefe tras la jubilación de Parcels, sin embargo, solo mantuvo el puesto por un día antes de irse a Nueva Inglaterra.

"No hay atajos para construir un equipo cada temporada. Construyes la base ladrillo a ladrillo." - Bill Belichick

Las cosas no parecían mucho más brillantes en Boston. Después de terminar con un récord de 5-11 en su primer año y abrir su segundo año con un récord de 0-2 en 2001, el Evil Empire no empezó a brillar hasta que Belichick se unió con un entonces desconocido mariscal de campo llamado Tom Brady (podríamos escribir un capítulo aparte sobre Brady, pero él tiene su propio libro y su método TB12). Desde entonces, los dos han dominado la NFL.

El objetivo de Belichick es simple: ganar. Al principio de su carrera, aprendió a analizar películas, a explorar jugadores y a evaluar equipos. A medida que crecía como entrenador y se convertía en el que es hoy en día, aprendió a impregnar a todos los niveles de su organización con la mentalidad ganadora que posee.

El deseo de ganar de Belichick, su ética de trabajo y su mentalidad son dignos de Napoleón y Alejandro Magno. Aprendiendo de sus mentores, tomó lo que funcionaba y aprendió a construir el mejor sistema.

"Él entendió que la clave del éxito, el secreto de ello, era el dominio del trabajo duro, todos los pequeños detalles... las pequeñas cosas no eran cosas pequeñas, porque era la acumulación de pequeñas cosas lo que hacía que sucedieran cosas grandes." - David Halberstam, La Educación de un Entrenador

Esta es quizás mi lección favorita de Belichick. Comenzó haciendo el trabajo duro. Se ofreció como voluntario para estudiar películas, algo que se convertiría en su mayor fortaleza. Hace mucho tiempo, cuando nadie más veía la importancia de analizar películas, Belichick dominó la habilidad.

Él hizo algo que nadie más quería hacer, estaba dispuesto a hacerlo, y se convirtió en el mejor en eso. Esta habilidad, la capacidad de analizar datos y evaluar jugadores, se ha convertido en la única habilidad en la que los Patriots basan su éxito, y fue un trabajo duro.

Tomó la comprensión de formaciones y esquemas de su padre y la aplicó al análisis. Luego tomó esa habilidad y entregó sus resultados a un mentor. Belichick se convirtió en parte de un equipo y luego dedicó su habilidad al bien mayor.

Aquí hay otras dos lecciones clave de la carrera de Belichick:

Encuentra tu pasión y desarrolla tus talentos naturales.

2. Ganar es un hábito que debe ser pulido

Decir que Belichick ama el fútbol es como decir que el Océano Atlántico está húmedo. El hombre es un maestro táctico. Para convertirte en un experto o maestro en lo que haces, necesitas hacer una inversión considerable de tiempo y esfuerzo. Aprendes de la experiencia, es cierto, pero también aprendes enormemente durante los momentos de "inactividad" cuando no estás compitiendo activamente en lo que haces.

El padre de Belichick era entrenador, y le inculcó un amor por el juego. Sin embargo, ese amor por el juego no fue suficiente para convertir a Belichick en un atleta profesional, de hecho, apenas era uno aceptable en la universidad. Entonces, ¿cómo logró Belichick tomar ese amor por el juego y construir la franquicia de fútbol americano más exitosa de todos los tiempos? Aprendió de los mejores, hizo el trabajo duro y construyó sobre lo que creía.

"Cada juego es importante para nosotros. No importa qué sea la próxima semana, contra quién juguemos, si es una semana de descanso, Acción de Gracias, Navidad, Halloween, Día de Colón. No nos

importa. Solo estamos tratando de salir y ganar un juego." - Bill Belichick

La excelencia es un hábito. El trabajo duro es un hábito. Ganar es un hábito. Hay quienes practican hasta que lo hacen bien y hay quienes practican hasta que no pueden equivocarse. Adivina cuál es Belichick.

Su filosofía desde el principio fue 'No dejar piedra sin mover' y 'No dejar sobre sin empujar para ganar'. Y el resultado de eso era que estabas trabajando hasta el agotamiento. Pero nunca te pidió que hicieras algo que él no estuviera haciendo. - Rick Venturi

Por lo tanto, Belichick dio el ejemplo y lideró el camino. Él trabajó más horas que todos los demás y construyó un hábito de ganar desde cero. Presta atención a los detalles y ama a los jugadores que hacen lo mismo. De hecho, si le preguntaras a Belichick sobre sus jugadores, te diría que no son los más talentosos ni los más dotados, sin embargo, lo que diría es que son los más dedicados, los más versátiles y los más fundamentalmente sólidos.

"Creo que seguiremos tratando de mirarnos en el espejo y ver dónde podemos hacer un mejor trabajo, quizás dónde podemos mejorar el proceso. Pero creo que los fundamentos del proceso seguirán siendo los mismos." - Bill Belichick

Cada entrenador deportivo desde el amanecer del tiempo ha gritado las palabras, "Practica los fundamentos." Junto a "la defensa gana campeonatos," esta frase grabada en tu cerebro desde la Liga Pequeña hasta la Varsity.

Para Belichick, de hecho, puede ser su mantra.

El fútbol es la obsesión de Belichick y es el juego que impulsa el éxito del hombre. Su dureza mental se construye en torno a su amor por el juego y le da la fuerza para hacer el trabajo, por pequeño que sea, que necesita ser hecho.

"No days off." -Bill Belichick

Tienes que estar dispuesto/a a trabajar duro. La fortaleza mental tiene tanto que ver con entender quién eres y qué estás dispuesto/a a sacrificar como con la habilidad y los modelos mentales para tomar decisiones difíciles.

Una de las cosas por las que Belichick es conocido es por su habilidad para saber cuándo dejar ir a un jugador. Hay jugadores tan identificados con la marca de los Patriots que no puedes entrar en un bar en Boston sin ver una foto de ellos colgada en la pared, y sin embargo, Belichick no deja que eso se interponga en el camino hacia el objetivo final. Él conoce el objetivo; por lo tanto, sabe lo que se debe hacer para alcanzar la meta.

¿Qué estás dispuesto a dedicarle tiempo? La vida es dura. Tu viaje es difícil. Tienes que estar dispuesto a escalar la montaña para llegar a la cima.

Pasos Accionables:

Sea cual sea tu objetivo, observa toda la vida. Si quieres empezar un negocio, mira el trabajo duro involucrado, no solo las recompensas. Si quieres ser actor, ¿estás dispuesto a hacer audiciones, aprender líneas y trabajar de mesero para salir adelante? Si quieres ser escritor, ¿estás dispuesto a pasar horas y horas trabajando, haciendo ediciones, estructurando la trama, enfrentando fracasos? Si quieres empezar un negocio, ¿estás dispuesto a ver morir tu idea, desarrollarla de nuevo, una y otra vez?

¿Qué habilidades se pasan por alto en tu área? ¿Qué pequeños hábitos construyen un éxito duradero? ¿Qué ejercicios construyen el hábito de la excelencia?

¿Cuál es tu mayor éxito? ¿Cuál es tu mayor fracaso? ¿De cuál aprendiste más?

Día 18: Pequeños círculos

"El secreto es que siempre todo está en juego. Cuanto más presentes estemos en la práctica, más presentes estaremos en la competencia, en la sala de juntas, en el examen, en la mesa de operaciones, en el gran escenario. Si tenemos alguna esperanza de alcanzar la excelencia, sin mencionar demostrar lo que tenemos bajo presión, tenemos que estar preparados con un estilo de vida de refuerzo. La presencia debe ser como respirar." - Josh Waitzkin

El libro de Josh Waitzkin "El Arte de Aprender" es una lectura obligada, solo que no hoy. Su lección definitiva que transmite es que el dominio se trata de círculos cada vez más pequeños. El dilettante se enfoca en las pinceladas amplias para poder entretener a las personas en fiestas con trucos de salón, pero el maestro se centra en los detalles minuciosos. En lugar de llenarse de nueva información hoy, toma algo en lo que ya seas bueno. Si eres un maestro en el gimnasio, ¿qué podrías hacer para mejorar? Si eres un orador público sorprendente, ¿de quién podrías aprender para ser aún mejor? ¿Cómo pasas de ser mediocre a maestro? Cuanto más competentes y seguros somos en lo que sabemos, mayor es nuestra capacidad para liderar y sobrellevar. Encuentra algo en lo que seas excelente y decide dominarlo.

Capítulo 10:

Esta es la lección: nunca ceder, nunca ceder, nunca, nunca, nunca, nunca - en nada, grande o pequeño, importante o trivial - nunca ceder excepto ante convicciones de honor y buen sentido. Nunca cedas ante la fuerza; nunca cedas ante la aparentemente abrumadora fuerza del enemigo. - Winston Churchill

Puede que no haya un líder más citable en la historia de la humanidad que Winston Churchill. Podía escupir ingeniosas ocurrencias como, "El precio de la grandeza es la responsabilidad," y luego dar la vuelta y quemar a un rival como lo hizo cuando Lady Aster comentó, "Winston, si fuera tu esposa, pondría veneno en tu café," a lo que Churchill respondió, "Nancy, si fuera tu esposo, me lo bebería."

El ingenio y el humor aparte, Churchill lideró a Inglaterra a través de uno de los desafíos más difíciles en la historia humana. Cuando el hombre dijo, "Si estás pasando por el infierno, sigue adelante", lo dijo en serio.

Conocido como soldado y periodista, elitista y estadista, orador y autor, llevó una vida complicada defendiendo la democracia durante una época de tiranía.

"El valor es lo que se necesita para

ponerse de pie y hablar, también es lo que se necesita para sentarse y escuchar." - Winston Churchill

Podríamos pasar un libro entero centrándonos en lo que hizo a Churchill mentalmente fuerte. De hecho, cada década de su vida se lee como una parte diferente de una serie de libros, ya sea sus primeros años como soldado y periodista cuando escribió cinco novelas antes de los 26 años, o la siguiente década de cambiarse al partido conservador y liderar la lucha por la reforma social como la jornada laboral de ocho horas y el seguro de salud pública, o el superventas en dos partes donde lideró el espíritu de Gran Bretaña en su hora más oscura contra Adolf Hitler y los nazis solo para ser nombrado Primer Ministro dos años después y luego regresar para defenderse contra la Cortina de Hierro.

No hace falta decir que Churchill vivió una vida de excelencia. Para mantener este capítulo en el espíritu del resto de este libro y no convertirlo en una celebración de uno de los mayores pensadores políticos del siglo XX, he dividido las lecciones que podemos aprender de Churchill en cuatro partes:

●   Coraje

● Educación

Aventura

● Confianza

Churchill nunca se rindió y nunca se rindió. Siempre se mantuvo firme en lo que creía, no cediendo simplemente ante la corriente de su partido. Su apodo, "El Bulldog Inglés", le queda perfectamente, recordándonos su firmeza y que, sin importar el tamaño del obstáculo frente a él, no retrocedió.

> **"Todas las cosas más grandes son simples, y muchas pueden ser expresadas en una sola palabra: libertad; justicia; honor; deber; misericordia; esperanza." - Winston Churchill**

Coraje

El famoso discurso de Churchill "Lucharemos en las playas" que pronunció en el Parlamento el 4 de junio de 1940, es el ejemplo perfecto de la indiscutible determinación del hombre. Lo que la gente olvida de este discurso es que sigue a uno de los mayores desastres militares durante la Segunda Guerra Mundial y, en esencia, Churchill está preparando a una nación para la invasión.

Sin embargo, el hombre no vaciló. En un momento difícil, se convirtió en el héroe que Inglaterra necesitaba, y a través de la oratoria entregó las palabras que el pueblo necesitaba escuchar.

> **"El valor es justamente estimado como la primera de las cualidades humanas porque se ha dicho que es la cualidad**

que garantiza todas las demás." - Winston Churchill

Todos seremos probados. Todos nos encontramos en una cueva de desesperación aparentemente sin salida. Todos debemos aprender a enfrentar nuestros miedos, por grandes o pequeños que sean. Cuando se amenazado por el peligro, no es deber de un hombre huir, sino de enfrentarse al enemigo. Porque, si lo enfrentas "de forma adecuada, sin titubear, reducirás el peligro a la mitad".

Confianza

Churchill era infamemente seguro de sí mismo, bordeando, según algunas descripciones, la vanidad. Creía destinado a la grandeza, como destacó en cartas durante su primera guerra; sin embargo, esta creencia en sí mismo guiaba sus acciones. Se podría argumentar que fue esta creencia inquebrantable la que llevó a Churchill a convertirse en la roca que sería durante la Segunda Guerra Mundial. Aunque no estoy sugiriendo que descargues el último seminario de Tony Robbins, te recomiendo que desarrolles confianza en ti mismo, en tus habilidades y en tus decisiones. Dedica horas a ser el mejor en lo que haces y construye tu confianza en los resultados. El trabajo duro construye confianza, la confianza construye éxito.

Tenemos ante nosotros muchos, muchos largos meses de lucha y sufrimiento. Te preguntas, ¿cuál es

nuestra política? Puedo decir: Es librar la guerra, por mar, tierra y aire, con toda nuestra fuerza y con toda la fortaleza que Dios puede brindarnos; librar la guerra contra una tiranía monstruosa, nunca superada en el oscuro y lamentable catálogo de crímenes humanos. Esa es nuestra política. Te preguntas, ¿cuál es nuestro objetivo? Puedo responder en una palabra: es la victoria, la victoria a toda costa, la victoria a pesar de todo terror, la victoria, aunque el camino sea largo y difícil; pues sin victoria, no hay supervivencia.

Educación

Recordamos a Churchill no solo por sus decisiones sino por su ingenio. Su personalidad fue tanto parte de su encanto, si no más, que su política. Sus ocurrencias e insultos se convirtieron en legendarios viviendo más allá de su edad. Era erudito y elocuente y escribió numerosos libros a lo largo de su vida. Creía en la palabra escrita, y elaboraba sus discursos para perfeccionar su timing y fluidez. Utilizaba el poder del lenguaje para conectar con la gente ya sea en el campo de batalla o junto al hogar. Para hacer todo esto,

Churchill era un ávido lector y se educó en los temas que más le importaban.

El punto es que debemos ser aprendices de por vida. Debemos seguir añadiendo a nuestra caja de herramientas y profundizar nuestro conocimiento sobre los temas relevantes para nosotros. A través del dominio y la educación, podemos mejorar nuestro impacto y desarrollar las habilidades y la confianza necesarias para tener éxito.

"Mejorar es cambiar, así que ser perfecto es cambiar a menudo." - Winston Churchill

Aventura

Su vida fue una aventura. Luchó en los campos de batalla y en el parlamento. Viajó por el mundo muchas veces y disfrutó de sus experiencias en historias y novelas. Sus primeras experiencias allanaron el camino para su comprensión del mundo y lo convirtieron en el líder que Gran Bretaña necesitaba.

Vivimos en un tiempo que puede adormecernos. Podemos vivir la vida a través de un ordenador portátil y nunca experimentar la belleza que nos rodea. El mundo está lleno de territorios inexplorados, tanto intelectuales como físicos. Nunca permitas que el miedo a lo desconocido te impida vivir tu vida. Las personas mentalmente fuertes buscan desafíos, buscan obstáculos que parecen insuperables, y nunca se echan para atrás.

"Cada día puedes progresar. Cada paso puede ser fructífero. Sin embargo, se extenderá ante ti un camino cada vez más largo, cada vez más ascendente, cada vez más mejorado. Sabes que nunca llegarás al final del viaje. Pero esto, lejos de desanimar, solo añade al gozo y la gloria de la subida." -Winston Churchill

Pasos Accionables:

¿Qué es algo que siempre te ha asustado? ¿Cómo puedes enfrentar ese miedo directamente y superarlo?

- ¿En qué eres mejor que la mayoría de las personas? ¿Cómo puedes sumergirte más en esa habilidad y convertirte en un maestro?

¿Cuál es un período o tema que siempre has querido estudiar pero has pospuesto? Encuentra un libro, curso en línea o clase local que ofrezca las perspectivas que deseas.

- ¿A dónde quieres ir? Encuentra una nueva aventura. Si no puedes pagarlo ahora, encuentra algo que puedas. Descubre un nuevo restaurante, un libro, un museo, que te permita satisfacer ese anhelo y comienza a apartar los fondos para ir en esa aventura.

Día 20: Moler

"No es que sea tan inteligente, es solo que me quedo con los problemas por más tiempo." - Albert Einstein

Las cosas que llevan mucho tiempo nos desaniman. Los libros extensos, largas caminatas y las relaciones aterrorizan a la gente. Sin embargo, si hay un superpoder que separa a los sobresalientes de las personas normales, es su habilidad para mantenerse con las cosas por más tiempo. Hoy, estamos tratando de acelerar nuestros graduados ofreciendo títulos de dos años y programas de maestría que se pueden completar durante un curso de verano. ¿Es eso maestría? Estamos en la generación de los maratones. ¿Por qué esperar para ver el próximo episodio la próxima semana cuando podrías quedarte despierto hasta la medianoche esta noche? A veces, las cosas llevan tiempo. Eso no significa que no debamos esforzarnos por aprender más rápido, pero las callosidades tardan en formarse. Comienza algo que no se pueda hacer en un día. Encuentra un rompecabezas de mil piezas o un libro que podría servir como peso para papel, ¿puedo recomendar algo de Tolstoy o Dumas si te sientes aventurero? Todos deberíamos plantar árboles de los que solo nuestros hijos se beneficiarán con la sombra.

Capítulo 11:

"Disciplina igual a libertad" - Jocko Willink

Hay un vínculo entre la construcción de la fuerza mental y el ejército. Tal vez sea porque las consecuencias son graves y la necesidad de éxito es imperiosa.

No es sorprendente entonces que un hombre como Jocko Willink, autor, podcaster y ex Navy SEAL, haga una aparición en este libro. Él participó en extensas acciones de combate durante la Batalla de Ramadi, liderando la Unidad de Tareas Bruiser del Equipo Tres de los SEAL, y es el autor de "Extreme Ownership: Cómo los SEAL de la Marina de EE. UU. lideran y ganan".

Un recipiente de la Estrella de Plata y Bronce por su servicio durante la Guerra de Iraq, Jocko es un maestro en desarrollar tanto la fuerza física como mental. La idea detrás de su libro, al igual que Jocko, es simple pero efectiva. La idea de "Supremacía Extrema" es que el líder es responsable del éxito o fracaso del equipo. Punto.

Los verdaderos líderes no se escudan. No culpan a otros ni buscan chivos expiatorios. El fracaso de un compañero de equipo es un fracaso de liderazgo. Por lo tanto, los líderes no buscan excusas, encuentran la forma de ganar.

"Propiedad extrema. Los líderes deben

> ser responsables de todo en su mundo. No hay nadie más a quien culpar." - Jocko Willink

Ya sea Bill Belichick o Nick Saban, los líderes exitosos no buscan excusas, y su medida de éxito es simple. ¿Ganaron?

Cuando las vidas de las personas están en juego, el fracaso es más que una "L." La clave de un gran liderazgo es que comienza con el individuo, ya sea el entrenador o un estudiante de primer año, y se extiende a cada uno de los miembros del equipo, por eso los grandes entrenadores parecen encarnar el espíritu de su equipo.

En su libro y su podcast, Jocko es excelente distribuyendo sabiduría atemporal para fortalecer tu mente. Es partidario del ejercicio diario, entrenamiento en artes marciales y llevar tu mente y cuerpo al límite. Lo hace, no como una forma de castigar su cuerpo, sino como una forma de dominar su propia mente.

> "Cuando piensas que no puedes soportar más... ¿adivina qué? Puedes - Está COMPROBADO por las historias de PERSONAS ORDINARIAS en la guerra." - Jocko Willink

Debes ser el dueño de tu propia mente. Como sugirieron los estoicos, solo puedes controlar tus pensamientos y acciones, no los de otras personas. No puedes cambiar el tráfico ni solucionarlo, así que no pierdas el tiempo quejándote al respecto.

"Las personas que tienen éxito deciden que van a tener éxito. Ellos toman esa decisión. Deciden estudiar duro. Deciden trabajar duro. Deciden ser la primera persona en llegar al trabajo y la última en irse a casa." - Jocko Willink

No subimos a la ocasión, subimos al nivel de nuestro entrenamiento. Debemos imponernos estándares más altos a nosotros mismos. Una vez que se acepta el bajo rendimiento, entonces se convierte en el estándar. Debemos enseñarnos a ser mejores día tras día. Si vamos a liderar a otros, debemos establecer altos estándares para nosotros mismos.

La autodisciplina es tan simple como levantarse temprano y hacer la cama maldita cada día.

Para mejorar, concéntrate en una decisión a la vez. Simplemente no podemos tirar en múltiples direcciones a la vez. Para lograr cualquier cosa, debemos establecer nuestra meta y avanzar hacia ese fin.

Como dijo Zig Ziglar, la motivación no dura; por lo tanto, no puedes depender de ella. Conviértete en tu propia motivación construyendo hábitos. Aprende de todos. No idolatres a nadie. Puedes aprender de todos, incluso si es aprendiendo qué no hacer.

Enfócate en tus metas y toma acciones diarias para acercarte a ellas. Al igual que el interés compuesto de Warren Buffet, pequeños pasos se convierten en kilómetros con el tiempo. Pero debemos hacer el trabajo. Debemos dedicar las horas necesarias. Jocko suele decir que no hay fines de semana. Belichick ha gritado "¡Sin descanso!" en los desfiles del Super Bowl. Las pesas no se van a mover solas. El libro no se va a escribir solo. El trabajo tiene que ser realizado.

"Todos quieren una especie de píldora mágica, algún truco de la vida, que elimine la necesidad de hacer el trabajo. Pero eso no existe." - Jocko Willink

La fortaleza mental no proviene de sentarse en el sofá viendo la televisión. La fuerza para tomar decisiones difíciles no se desarrolla tomando martinis y comprando un nuevo juguete. Escapamos a través de las ilusiones de Netflix. Construimos nuestro ego protegiéndolo de los desafíos.

Para construir una verdadera fortaleza mental debemos empujar nuestra mente y cuerpo hasta sus límites. La única forma en que podemos hacer eso es persiguiendo la meta más grande, soportando la carga más pesada y enfrentando al dragón más grande que podamos encontrar.

Para hacer esto, debemos salir de nuestra zona de confort y aprender. Encuentra una clase, encuentra un maestro, adquiere una nueva habilidad o hobby. Comprométete con un nuevo deporte, sé parte de un equipo y acepta tu papel como estudiante. Todos los grandes líderes aprendieron a liderar de otros y forjaron su voluntad a través de sus pruebas.

Establece estándares para ti mismo y mantén el rumbo. Adopta las habilidades que necesitas para tener éxito y ¡ve a por ello!

> **"La Oscuridad no puede apagar tu luz. Tu VOLUNTAD. Tu determinación. No importa lo que esté pasando, no importa lo difícil que sea la lucha. Mientras sigas luchando, tú ganas." - Jocko Willink**

Pasos Accionables:

Antes de ir a dormir esta noche, pregúntate:

¿Quién soy yo?

¿Qué he aprendido hoy?

¿Cómo he progresado hacia mis metas?

¿Cómo me he vuelto más inteligente/fuerte?

Día 22: Hábito

"Cadenas de hábito son muy ligeras para ser sentidas hasta que son muy pesadas para ser rotas." - Warren Buffett

Si Einstein acuñó la frase "interés compuesto" entonces Warren Buffet lo monetizó. Escucha el consejo de uno de los hombres más ricos de la historia. Los hábitos generan cambios duraderos. Los malos hábitos destruyen vidas, los buenos hábitos las elevan. Cepillarse los dientes todas las noches es un buen hábito. Hacer la cama es un buen hábito. Son repetibles. Son realizables. Son tareas alcanzables. A menudo, si queremos ver qué está mal en nuestras vidas, no tenemos que buscar más lejos que en nuestras propias habitaciones. Queremos decirle al mundo qué hacer con su dinero y a otras personas cómo mejorar sus vidas, pero a menudo nos negamos a mantener el orden en nuestro propio hogar. Los buenos hábitos generan más buenos hábitos. ¿Cuál es un hábito que puedes añadir a tu vida en este momento que no se ha mencionado en este libro? ¿Tu habitación está sucia? Límpiala. ¿El fregadero de la cocina está lleno? ¡Vacíalo! A veces triunfar en la vida es tan simple como pagar las facturas a tiempo.

Capítulo 12:

"Durante la temporada, tu equipo debería ser liderado con entusiasmo y emoción. Deberías vivir la travesía. Deberías vivirla correctamente. Deberías vivirla juntos. Deberías vivirla compartida. Deberías tratar de hacer que los demás sean mejores. Deberías llamar la atención a los demás si alguien no está haciendo su parte. Deberías abrazar a los demás cuando lo están haciendo. Deberías estar decepcionado en una derrota y exaltado en una victoria. Todo se trata de la travesía." - Coach K

Tres nombres definen el baloncesto universitario de la NCAA: John Wooden, Pat Summitt y Mike Krzyzewski. Se han escrito numerosos libros sobre Wooden y su proceso, Summit es la entrenadora de baloncesto más exitosa en la historia de la NCAA, y el entrenador K tiene el nombre más difícil de deletrear en el juego.

Gracias a su apellido desafiante de deletrear y igualmente difícil de pronunciar, el mencionado Coach K es el entrenador principal de baloncesto en la Universidad de

Duke, un programa que de no ser por Coach K sería una escuela de leyes a la sombra de su contraparte mucho más grande, la Universidad de Carolina del Norte. Con cinco campeonatos de la NCAA, 12 Final Fours, 12 títulos de temporada regular de la ACC y 14 campeonatos del torneo de la ACC, solo Wooden (10) tiene más títulos a su nombre que Coach K.

"Enfrentamiento simplemente significa enfrentar la verdad de frente." - Coach K

El entrenador K define el éxito para mí. Sin embargo, parte de lo que define su éxito es su habilidad para cambiar como entrenador de baloncesto. Comenzó su carrera como entrenador bajo el estilo de "a mi manera o en la carretera" del entrenador Bobby Knight, quien también es exitoso pero recordado tanto por sus travesuras como por su entrenamiento. Sin embargo, a lo largo de su carrera, el entrenador K ha aprendido a adaptarse a las cambiantes mareas del juego una y otra vez. Constantemente aprende tanto de sus jugadores como ellos de él, y cada año es un nuevo proceso.

Es notable cómo el Coach K redefine su equipo y su proceso constantemente. No se puede señalar una firma que defina su carrera como entrenador excepto la adaptabilidad. Ha construido organizaciones de jugadores Senior poderosas como las lideradas por Christian Laettner, así como talentos estrellados de primer año como el equipo actual centrado en Zion Williamson.

Él ha comentado sobre aprender nuevas formas de entrenar de grandes jugadores como Lebron James y Chris Paul, líderes en la NBA que enseñaron al entrenador K cómo trabajar con jugadores excepcionalmente talentosos. Ha alterado su estilo de defensa de hombre a hombre de toda la vida para igualar la fisicalidad del equipo o proteger a ciertos jugadores de desgastarse (notablemente en el Campeonato Nacional con Jahlil Okafor, un centro estelar, en 2015).

> **Intento ver cada nueva temporada como un nuevo desafío porque tengo un nuevo equipo con el que trabajar, nuevos oponentes para enfrentar y a menudo nuevas ideas y teorías para probar. - Coach K**

Además, lo ha hecho de la manera correcta. Innumerables jugadores de baloncesto de Duke han llegado a ser líderes, no solo en la NBA, sino también en los medios de comunicación, los negocios y las comunidades. Durante el tiempo del entrenador K, no ha habido escándalos, suspensiones ni comentarios controvertidos. El entrenador K es un líder sereno dentro y fuera de la cancha.

A lo largo de los años, ha tenido una tasa de graduación tan alta como el 100%, incluso manteniendo una tasa de graduación más alta durante la era de los jugadores " One-and-Done ", una etiqueta dada a los jugadores que solo juegan un año en la NCAA antes de ir a la NBA, que otras universidades importantes.

En otras palabras, el hombre es un líder. Es disciplinado. Está impulsado por valores. Es mentalmente fuerte. Ve el baloncesto como un medio para un fin. Se ve a sí mismo como un maestro que entrena baloncesto.

Entonces, ¿qué hay que aprender?
1. El equipo es más fuerte que una sola persona.
2. Adaptarse o morir
3. Convicción

"Desarrollas un equipo para lograr lo que una persona no puede lograr sola. Todos nosotros solos somos más débiles, de lejos, que si todos estamos juntos." - Coach K

Como ha señalado el entrenador K, cuando primero juntas a un grupo, no son un equipo, son un grupo de individuos. Él comprende la importancia de los "Jim y Joe" en lugar de los "equis y oes". La importancia de un equipo son las personas reunidas.

Mientras amamos el culto a la personalidad, la mayoría de las acciones no se pueden hacer solas. Frodo necesitaba a Samwise un enano y un elfo. Jordan necesitaba a Pippen, Kerr y al Maestro Zen Phil Jackson. Los Vengadores tuvieron que unirse para derrotar a Loki, ese extraño robot Ultron y Thanos. Demonios, incluso en la NBA tomó el mejor equipo jamás reunido, los Golden State Warriors (bajo Steve Kerr quiero decir) para derrotar al increíblemente talentoso Lebron James.

El liderazgo lleva tiempo. La confianza lleva tiempo. Los equipos llevan tiempo. Nadie, ni siquiera el entrenador K, comienza con confianza, ésta se debe ganar. Es esta comprensión la que ha llevado al entrenador K al éxito en múltiples niveles. Permite a su equipo asumir responsabilidades. Permite a sus jugadores desarrollarse como hombres.

En nuestras vidas, operamos en equipos. Los llamamos empresas, familias y amigos, pero trabajamos en grupos. Incluso si practicamos deportes individuales como el tenis y el golf, todavía necesitamos entrenadores y caddies. Además, si producimos música y baile en solitario, todavía necesitamos productores y un ritmo.

Lo escribiré aquí: Elon Musk no lo hizo solo. Jeff Bezos no lo hizo solo. Marky Mark necesitaba a la Funky Bunch.

Eres la suma de las cinco personas con las que pasas más tiempo. Cuando estés formando tu equipo, pregúntate qué aporta esta persona. Ya sea en la oficina o en la vida, a menudo nos cargamos con personas que no tienen nuestros mejores intereses en mente. A menudo, la gente nos ve como un medio para un fin. Si realmente estás tratando de hacer algo asombroso, y lo estás, entonces debes proteger tu círculo íntimo.

Nota* Todos tenemos que lidiar con personas difíciles. Es un hecho de la vida. Aunque podemos limitar su impacto en nuestra experiencia, no podemos erradicarlos por completo, ya sea el compañero de trabajo que no hace nada hasta la hora feliz, o el tipo que te corta en el tráfico de las cinco de la tarde. En este caso, recomiendo la cita de Marco Aurelio:

> "Comienza cada día diciéndote a ti mismo: Hoy me encontraré con interferencia, ingratitud, insolencia,

des lealtad, malicia y egoísmo, todos ellos debido a la ignorancia de los infractores sobre lo que es bueno o malo. Pero por mi parte, he percibido desde hace mucho tiempo la naturaleza del bien y su nobleza, la naturaleza del mal y su vileza, y también la naturaleza del culpable mismo, que es mi hermano (no en el sentido físico, sino como un ser similarmente dotado de razón y parte de lo divino); por lo tanto, nada de eso puede dañarme, pues nadie puede implicarme en lo degradante. Tampoco puedo enojarme con mi hermano o pelear con él; pues él y yo nacimos para trabajar juntos, como las dos manos de un hombre, pies o párpados, o las filas superior e inferior de sus dientes. Obstaculizarnos mutuamente va en contra de la ley de la naturaleza - ¿y qué es la irritación o la aversión sino una forma de obstáculo?"

2. "Demasiadas reglas obstaculizan el liderazgo. Solo te encierran en una caja... Las personas establecen reglas para evitar tomar decisiones." - Coach K

Hecho famoso por la película "Moneyball" y ampliado por los periodistas deportivos en todas partes, "Adaptarse o morir" podría ser el lema del siglo XXI, de cualquier siglo, en realidad. Los seres humanos se adaptan, es así como hemos sobrevivido tanto tiempo. El hombre de las cavernas que adoptó el palo vivió para comer otro día, los equipos que adoptaron la ofensiva extendida llegaron a las finales.

Hubo un tiempo en el baloncesto cuando los centros de espaldas a la canasta como Shaquille O'Neal y Tim Duncan dominaban el juego. Hoy en día, un centro que no puede tirar es un problema defensivo, y solo juega de una manera está desempleado. Si bien los extensos cambios de reglas ayudaron en esta evolución del juego, también lo hizo la habilidad de los jugadores para tirar de tres puntos. ¿La conclusión? El juego ha cambiado.

El entrenador K comenzó su carrera en Duke en 1980 después de cinco años con el baloncesto del Ejército. La diferencia entre el baloncesto en 1980 y 2019 es más o menos la misma que entre una computadora Apple en esa época y un iMac ahora.

En los primeros años, un jugador tenía que completar los cuatro años de universidad antes de irse a la NBA. Esto significaba que jugadores como Michael Jordan y Charles Barkley pasaban largas carreras en la NCAA antes de pasar a profesionales. Esto también significaba que el juego era muy diferente en cuanto a la competencia.

El entrenador K entiende esto mejor que nadie. Comenzó su carrera como entrenador durante la época de los jugadores que eran titulares durante cuatro años. Jugadores como Grant Hill, Christian Laettner, Shane Battier, Jay Williams, Mike Dunleavy Jr., Carlos Boozer representaban este modelo. Duke era un equipo de hombres contra niños.

Él construyó sus equipos alrededor de los Seniors, liderazgo senior y el tiempo para desarrollar a un jugador desde un Freshman hasta un líder. Hay una gran diferencia entre un fenómeno de 18 años y un senior de 22 años. Durante la era en la que el juego se jugaba de espaldas al aro, esto era dolorosamente obvio. Para competir en baloncesto durante este tiempo, cuando el contacto en las manos era legal y las faltas entre los gigantes eran aceptadas como normales, los equipos tenían que ser fuertes, experimentados y disciplinados. También fue un tiempo en el que jugadores como Kevin Garnett, Kobe Bryant, Lebron James entrarían directamente a la NBA; sin embargo, en 2006 todo cambió ya que la NBA estableció que un jugador debe jugar al menos un año en baloncesto.

¿Por qué es esto tan importante? El juego cambió instantáneamente. De repente, a los mejores jugadores del mundo se les ordenó jugar al menos un año en la NCAA, pero no más. Y con esa decisión, comenzó la era de uno y hecho. Esto llevó a jugadores como Kevin Durant a jugar un año en la universidad y dominar la competencia y equipos enteros como el equipo de campeonato nacional de 2012 de John Calipari liderado por el centro novato Anthony Davis.

El entrenador K ya no tenía el tiempo para desarrollar a sus jugadores durante cuatro años, sino que, en cambio, tenía que adaptarse a las nuevas reglas de la NCAA. Para el entrenador K, esto significaba cambiar principios, estilos de entrenamiento y habilidades de liderazgo. Tenía que aprender a desarrollar un equipo en un año, cada año, en lugar de construirlo a lo largo de varios años.

¿El resultado? Desde 2006, el Coach K ha ganado dos Campeonatos Nacionales, cinco temporadas con más de 30 victorias y tres campeonatos de conferencia. En otras palabras, ha ganado. Encontró la forma de ganar. Se adaptó. Prosperó.

3. "Se necesita valor no solo para tomar

decisiones, sino también para vivir con esas decisiones después" - Coach K

Todos los entrenadores aprenden a tomar decisiones difíciles. Es parte de la responsabilidad. La carga de sentar a un jugador por romper las reglas, dejar en el banco a una estrella para enseñar una lección más amplia y asumir una derrota es una cruz difícil de llevar.

Un entrenador debe personificar al equipo que dirige. Al igual que Belichick, Coach K es el baloncesto de Duke. La cancha en la que su equipo juega ahora tiene su nombre. Es un pilar del juego y alguien que ha cambiado la vida de cientos de jugadores, estudiantes y entrenadores. Los aficionados se sienten atraídos por el éxito. Los jugadores se sienten atraídos por la oportunidad. Los escritores se sienten atraídos por la historia. Todos comprenden la gravedad del carácter de Coach K.

Como dice el entrenador K, "Cuando un líder asume la responsabilidad por sus propias acciones y errores, no solo da un buen ejemplo, sino que muestra un sano respeto por las personas en su equipo."

La lección aquí es simple, y una que sería defendida por el Dr. Peterson: toma posesión de tus decisiones. Cada líder debe llevar el peso del resultado de sus decisiones, tanto buenas como malas. El signo de un líder excelente, el signo de un líder fuerte, es cómo manejan la responsabilidad, la adversidad y el deber.

Quizás fue el tiempo del Entrenador K en West Point, su tiempo bajo la tutela del Entrenador Knight, y su tiempo liderando los Cadetes en el Ejército, pero él entiende que el valor y el carácter van en primer lugar. Por lo tanto, tú también debes saber que construir tu brújula moral, construir tu conciencia, es tan importante como desarrollar tu fortaleza mental.

> **"Cuando eres apasionado, siempre tienes tu destino a la vista y no te distraes por obstáculos. Porque amas lo que estás persiguiendo, cosas como el rechazo y contratiempos no te detendrán en tu búsqueda. ¡Crees que nada puede detenerte!" - Entrenador K**

Pasos concretos:

¿Quiénes son tus cinco iniciales actuales? ¿Quiénes son las cinco personas con las que pasas más tiempo? ¿Quién influye en tu vida?

¿Cuál es tu quinteto inicial de estrellas? Si pudieras pasar un día con cualquier cinco figuras históricas, celebridades, autores, quien sea, ¿quiénes serían?

¿Quién es un mentor en tu vida que ha marcado la diferencia? ¿Qué cualidades poseían que podrías emular?

¿Qué cualidades de liderazgo admiras en tu jefe? ¿En qué cualidades podrían mejorar? Si fueras el capitán, ¿cómo dirigirías el barco?

Día 24: Nombre

"Sólo por una vez déjame mirarte con mis propios ojos... Tenías razón. Tenías razón sobre mí. Dile a tu hermana que tenías razón." - Darth Vader

Los demonios son más fáciles de enfrentar cuando les ponemos nombre. Como el dragón, Lucas creó un monstruo literal cuando hizo a Vader. Parte sombra, parte samurái, parte mago, Vader representaba todo lo que temíamos. Y sin embargo, una vez que Vader finalmente fue desenmascarado, era un hombre frágil y anciano que no infundía miedo a nadie. Construimos nuestros obstáculos más grandes de lo que realmente son. Ponle nombre a tu demonio, enfréntalo. El obstáculo es el camino. ¿Qué te está deteniendo? Ponle nombre. Escríbelo. Véncelo.

Capítulo 13:

"Recuerda que este momento no es tu vida, es solo un momento en tu vida. Concéntrate en lo que tienes frente a ti, en este momento. Ignora lo que 'representa' o 'significa' o 'por qué' te sucedió." - Ryan Holiday

Ryan Holiday es un poco polémico figura. Él es un escritor y estratega de medios que fue aprendiz de Robert Greene, el autor de "Las 48 leyes del poder," y luego se convirtió en el director de marketing de American Apparel. Fue su trabajo con la empresa de ropa lo que lo llevó a aguas turbulentas cuando detalló su experiencia, y propaganda, en el libro "Confía en mí, estoy mintiendo: Confesiones de un manipulador de medios."

Sin embargo, fueron sus libros de seguimiento, una especie de transformación de Saúl a Pablo, 'El obstáculo es el camino' y 'El ego es el enemigo', los que lo llevaron a este libro, ya que ambos han sido citados por entrenadores de la NFL, atletas, celebridades y líderes políticos.

Escribe, a menudo, sobre las virtudes del estoicismo en la vida cotidiana. Como describe Holiday, "La filosofía sostiene que la virtud (como la sabiduría) es la felicidad y el juicio debe basarse en el comportamiento, en lugar de en las palabras. Que no controlamos y no podemos depender de los eventos externos, solo de nosotros mismos y de nuestras respuestas."

En otras palabras, convierte los obstáculos en ventajas y aprende a controlar lo que puedes y aceptar las cosas que no puedes.

"El obstáculo en el camino se convierte en el camino. Nunca olvides, dentro de cada obstáculo hay una oportunidad para mejorar nuestra condición." - Ryan Holiday

Hay una idea similar en la escuela de improvisación. En la improvisación, los intérpretes son enseñados a "traer un ladrillo", lo que significa no tratar de crear toda una escena al principio, solo empezar y ofrecer una idea. Además, se les enseña a confrontar problemas y usarlos en lugar de evitarlos.

En su núcleo, el estoicismo se trata de la acción. Es este lenguaje activo lo que lo convierte en una filosofía práctica en lugar de una idea de salón. La historia está llena de pensadores y practicantes de esta escuela también.

Frederick the Great, Montaigne y Cato fueron todos influenciados por los escritos de Cato y Epicteto, al igual que Thomas Jefferson, Adam Smith y Theodore Roosevelt.

T.R. vivió la vida de templanza y autocontrol que es el material de los sueños para los estoicos, acuñando líneas como, "Lo que un hombre así necesita no es valentía, sino control de los nervios, serenidad. Esto solo se puede obtener mediante la práctica," y, "Todos debemos desgastarnos o oxidarnos, cada uno de nosotros. Mi elección es desgastarme."

La vida es una pregunta y lo que elegimos hacer es la respuesta. La vida no está diseñada para ser fácil, para concedernos cada deseo. La vida en sí misma es un obstáculo. Como señaló Marco Aurelio, nos adaptamos y nos ajustamos.

"El impedimento a la acción promueve la acción. Lo que obstaculiza el camino se convierte en el camino." - Marcus Aurelius

A pesar de su mala reputación en los medios de comunicación y su aspecto desalentador en los libros de historia, la práctica ofrece una visión de una virtud. El día festivo, inspirado por Aurelius, nos proporciona esta idea, que cada obstáculo es una oportunidad.

Tenemos la opción de cambiar nuestra perspectiva, de dar la bienvenida a la adversidad y enfrentar el desafío.

"El fracaso nos muestra el camino—al mostrarnos lo que no es el camino." - Ryan Holiday

¿Cuántas figuras históricas enfrentaron obstáculos aparentemente insuperables? T.R. mismo, un chico lleno de asma y con una crianza suave, estaba decidido a forjarse como hierro. Él, literalmente, escribió la historia de su vida al dejar atrás a su familia elitista y dedicarse a la vida como vaquero, estratega de guerra y finalmente servidor público. ¿Alguien hubiera creído que el chico con problemas respiratorios se volvería famoso por ser un Presidente que boxeaba en la Oficina Oval?

Cada gran hombre enfrentó oposición. Cada gran líder, escritor y artista se encuentra con tiempos difíciles. Podemos elegir culpar nuestras circunstancias o atraparnos en una mentalidad negativa, o podemos, como los estoicos, controlar nuestra actitud y enfoque.

¿Qué bloquea el camino, se convierte en el camino? A todos nos gusta pensar que las personas exitosas tuvieron un ascenso meteórico hacia la cima, que nuestro actor favorito se convirtió en un éxito de la noche a la mañana. Lo que los medios no escriben son los años que un actor pasó en la oscuridad trabajando en teatros regionales, comerciales locales y papeles pequeños. Lo que olvidamos es que los autores escriben libros, revistas y guiones rechazados mucho antes de que uno sea aceptado.

"Piensa en progreso, no en perfección" - Ryan Holiday

La comparación es ladrona de la alegría. Por alguna razón, está codificada en nuestro ADN compararnos con los demás, y las redes sociales han amplificado esa falla diez veces. Queremos éxito ahora, sin el trabajo. Queremos conocimiento ahora, sin la investigación. Queremos estar en la cima de la montaña, sin la escalada.

¿Y si cambiáramos la perspectiva? ¿Qué pasaría si el viaje se convirtiera en el medio? En lugar de correr de una meta a la siguiente, nos concentramos en las lecciones por aprender y los desafíos enfrentados, luego desarrollamos significado a partir del viaje y la importancia del obstáculo.

El dragón en la mitología representa todos los mayores miedos del hombre. Es una serpiente, gato, pájaro, todos nuestros depredadores ancestrales en uno. También es el villano perenne en innumerables historias que van desde El Hobbit hasta numerosos cuentos de hadas y mitos. Incluso en tiempos modernos, la leyenda sigue creciendo con personajes como Godzilla, un ser antiguo hecho poderoso por errores modernos.

El punto es que este obstáculo es atemporal. Nuestros ancestros crearon historias basadas en la suma de nuestros mayores miedos primordiales. Cada héroe necesita un gran villano, o de lo contrario la historia cae en la monotonía. Sherlock necesita a Moriarty. Batman necesita al Joker. Superman necesita a Lex Luthor. Cuanto mayor es el héroe, mayor es el peso que debe llevar.

> **"Está bien desanimarse. No está bien rendirse. Saber que quieres rendirte pero plantar tus pies y seguir avanzando hasta que tomes la fortaleza impenetrable que has decidido asediar en tu propia vida, eso es persistencia." - Ryan Holiday**

A medida que crecemos, también lo hacen nuestros obstáculos. A medida que ascendemos, los desafíos se vuelven más difíciles. Los videojuegos entienden este principio. Nombra un juego que se vuelve más fácil a medida que lo juegas. A medida que el protagonista pasa de novato a maestro, los obstáculos cambian de mundanos a montañas.

Ahora, en lugar de ver la vida como algo que se nos regala, o esperar que los resultados nos lleguen, ¿qué tal si abrazamos los desafíos que tenemos delante, como la razón por la que emprendimos el viaje en primer lugar?

Los obstáculos al escribir una novela forman parte de la escritura de un libro. Los desafíos de memorizar Hamlet y entender sus complejidades son las pruebas del actor. El oponente más significativo aguarda al atleta más celebrado.

"El universo cambia; nuestra vida es lo que nuestros pensamientos hacen de ella." - Marco Aurelio

Pasos Accionables:

- ¿Qué se interpone actualmente en tu camino? ¿Cómo define tu recorrido?

-Si aún no has empezado tu viaje, ¿qué obstáculos te esperan? ¿Qué pruebas tendrás que enfrentar?

¿Cuál es un desafío que puedes agregar a tu vida? ¿En el

gimnasio? ¿En tus esfuerzos creativos? Si algo te está deteniendo, ¿por qué?

Día 26: Valores

"El coraje es la virtud más importante de todas porque, sin coraje, no puedes practicar ninguna otra virtud de manera consistente." - Maya Angelou

¿En qué crees? ¿Cuáles son tus virtudes elogiables? Nos apresuramos día a día haciendo trabajos para otras personas, o, si tenemos suerte, construyendo nuestros propios sueños. Aún así, durante la carrera, olvidamos lo que es importante en la vida. ¿Eres el tipo de persona a la que otros se refieren como, "el tipo de hombre que daría la camisa de su espalda"? ¿Qué dirán los demás de ti cuando mueras? ¿Qué quieres que digan? Escribe las cinco virtudes en las que crees y saca tus mejores armas. Si el trabajo duro y la ética son lo tuyo, escríbelos. Si la honestidad y la confiabilidad encajan contigo, entonces paga la cuenta.

Capítulo 14:

Prefiero vivir por elección, no por casualidad. Miyamoto Musashi

La fortaleza mental se trata de aprovechar lo que quieres. Se trata de determinar tu camino y llevar a cabo tu viaje hasta el final. Es la capacidad de tomar decisiones difíciles y la disciplina de trabajar día tras día hacia lo que deseas.

Miyamoto Musashi es tanto un mito como un hombre. Es el santo de la espada de Japón, manteniéndose invicto en su vida como duelista con un récord de 61-0. Fue un samurái, un filósofo, un estratega en la línea de Sun Tzu, sin embargo, son sus escritos los que perduraron mucho tiempo después de su leyenda con "El libro de los cinco anillos" y "Dokkōdō" o "El camino de la soledad".

Mientras "El Libro de los Cinco Anillos" sirve como tratado de un guerrero sobre combate y duelos, "El Camino de la Soledad" expone sus fundamentos filosóficos. Ambos son obras magistrales sobre estrategia, mentalidad y guerra.

De cualquier manera, el hombre pertenece entre las filas de Aquiles y Ulises, pues no solo tenía la fuerza y el entrenamiento sino también la astucia y la sabiduría para ganar una y otra vez.

"Estudia la estrategia a lo largo de los años y alcanza el espíritu del guerrero.

Hoy es la victoria sobre ti mismo de ayer; mañana es tu victoria sobre hombres inferiores." - Musashi

La técnica de las dos espadas del ronin, un estilo que inventó él mismo estudiando a los bateristas, era tan directa como el consejo de Musashi. Como muchos guerreros, prefería la simplicidad a las florituras. "Cuando empuñas una espada, debes sentir la intención de cortar al enemigo".

Sin embargo, el guerrero era complicado, estudiando el budismo así como la espada, junto con artes como la caligrafía, el arte y la arquitectura, insistiendo en que un guerrero debería investigar otras formas de arte, porque, "Si conoces el Camino ampliamente, lo verás en todo".

Musashi vivió por la espada y no tuvo pretensiones sobre el combate. La violencia era precisamente eso, fuerza, y el guerrero se enfocaba tanto en ganar como en la forma. La muerte era su arte, y convirtió su pincel en el más letal.

¿Qué podemos aprender de un samurái del siglo XVI cuyo regalo más significativo a la humanidad fue un libro sobre las sutilezas de la matanza? ¿Qué podemos aprender de un Ronin que perfeccionó el código del Bushido?

El significado literal de Musashi sobre "el camino de la espada" no tiene sentido hoy en día. Al igual que "El arte de la guerra" de Sun Tzu, la importancia de cómo sostener una espada y defenderse con la técnica de dos manos pertenece al dōjō y al salón de clases, no al mundo moderno. Sin embargo, entre el parar y los ataques de la intención inicial de Musashi están los cimientos filosóficos de la fuerza mental y el significado.

> **"No dejes que el cuerpo sea arrastrado por la mente ni que la mente sea arrastrada por el cuerpo." - Musashi**

Musashi se dio cuenta de que la mente y el cuerpo deben estar en sincronía, que debemos tener el propósito y la voluntad de seguir adelante con nuestros objetivos. A continuación se muestran citas del Maestro mismo, cada una con una breve explicación. Reflexiona sobre cada cita y cómo se relaciona con tu vida.

> **"No hay nada fuera de ti mismo que pueda permitirte mejorar, volverte más fuerte, más rico, más rápido o más inteligente. Todo está dentro. Todo existe. No busques nada fuera de ti mismo." - Musashi**

A menudo, nos embarcamos en un viaje, en un camino, en busca de un maestro o una experiencia que nos cambie. Buscamos una forma de crecer más fuertes, más inteligentes, más ricos, más poderosos. Buscamos algo que nos llene.

El marketing ha aprendido esto. Netflix ha aprendido esto. Masterclass y Udemy han aprendido esto.

No me malinterpretes, no hay nada de malo en mejorar uno mismo, demonios, estoy escribiendo un libro sobre cómo mejorar; sin embargo, lo que necesitas aprender es que el poder para cambiar está dentro de ti.

Si te encuentras con Buda en el camino, mátalo. ¿Cuántos charlatanes se aprovechan de nuestra debilidad, nuestra necesidad de salvación? Compra esta píldora y tu cabello estará más abundante, compra esta clase y serás más productivo, compra esto, compra aquello, compra ahora.

Eres suficiente. Sí, debes estar dispuesto a sacrificar, a crecer, a cambiar, pero debes darte cuenta de que el cambio viene desde adentro.

"El Camino está en entrenamiento." - Musashi

Y aún así, debemos entrenar. Debemos aprender. Debemos mantener la mente de un estudiante para convertirnos en el maestro. Darse cuenta de que eres suficiente no significa que no necesitas estudiar. Encontrar tu fuerza interior no implica no escuchar a aquellos más sabios que tú. Siempre podemos mejorar y aprender, como señaló Josh Waitzkin, para trazar "círculos cada vez más pequeños".

"En la vida hay más que aumentar la velocidad." - Musashi

Con la capacitación viene el entendimiento. Debemos aprender que hay más en el esgrima, más en la vida que mejorar una habilidad. Construye sobre tus fortalezas pero entiende que el hombre no es solo un espadachín. Él es un hijo, un padre, un estudiante, un maestro, un artista, y así sucesivamente. Un hombre en su tiempo desempeña muchos roles.

> **"Basta con decir que en Japón, un guerrero lleva consigo dos espadas como un deber, ya sea que sepa cómo usarlas o no. Es el Camino del guerrero." - Musashi**

Todos estamos en un viaje hacia arriba de la montaña. En cualquier concurso, como en la vida, nunca hay un solo combatiente. Por lo tanto, siempre debemos estar preparados para luchar con una segunda herramienta, o, en otras palabras, debemos desarrollar una segunda arma. A Musashi le gustaba referirse a su escritura como su "segunda espada". Entonces, de la misma manera, debes desarrollar tu dominio de una habilidad, tu espada larga, así como encontrar y desarrollar tu segunda espada. En algún momento un enemigo te desarmará, ¿y entonces? ¿La pelea está terminada? ¿No tienes ningún plan de respaldo?

> **"Determina que hoy superarás a ti mismo del día anterior, mañana vencerás a aquellos de menor habilidad, y más adelante vencerás a aquellos de mayor habilidad." - Musashi**

La mejor medida de un hombre no es la comparación con otros, sino consigo mismo. ¿Eres mejor que ayer? Si es así, has tenido éxito. Si no, entonces prepárate e inténtalo de nuevo mañana.

Instagram nos bombardea con las historias de éxito personal hechas a mano de la gente. En las redes sociales, la gente te muestra su mejor versión. No compares tu peor día con la película de los logros de alguien.

Lo único que importa es que hoy te hayas mejorado. Hoy te acercaste a tu objetivo. Hoy aprendiste del fracaso, y mañana te mejorarás. Sé mejor que ayer, día a día, y dominarás a cualquier enemigo.

"Para ganar cualquier batalla, debes luchar como si ya estuvieras muerto." - Musashi

Juega cada juego como si fuera el último. Juega como si no hubiera un mañana. Nuestros entrenadores de la Liga Pequeña nos rogaban y suplicaban con estos mantras, sin embargo, en nuestra juventud, no nos damos cuenta de que un día colgaremos los tacos, la raqueta, la espada.

Para Musashi, él vio que la única forma de ganar era prepararse para la muerte, darse cuenta de que la vida que había elegido solo podía terminar de una manera.

Mientras que nuestra vida cotidiana puede no ser tan épica como un duelo de Kurosawa, cuanto antes nos demos cuenta de que algún día todo terminará, antes nos pondremos en movimiento. Los cristianos medievales tenían la práctica del memento mori o reflexionar sobre la muerte. Cada día reserva un tiempo para reconocer tu mortalidad y actuar como si algún día el juego terminará.

Como dice la lápida irlandesa,

> "Recuerda hombre mientras pasas,
>
> Como ahora eres, una vez fui yo.
>
> Como soy ahora, así serás tú.
>
> Prepárate para seguirme.

"No hagas nada que sea inútil" - Musashi

Una vez que definimos nuestro propósito, todo lo que hagamos debería llevarnos hacia el logro de nuestros objetivos. Aunque la vida tome caminos erráticos, debemos enfocarnos en lo que más nos importa.

"Pensar ligeramente en ti mismo y profundamente en el mundo." - Musashi

Quizás mi lección favorita de Musashi y una sorprendente. Un hombre que pasó su vida peleando a muerte se dio cuenta de que para disfrutar la vida honestamente, no puedes tomarte en serio. ¿Cuántas personas conocemos que no pueden tomar una broma? ¿Cuántos jefes hemos tenido que no pueden reír? Todos jugamos al tonto a veces.

Pasos accionables:

-Aprende esgrima. Es broma, pero aprende a defenderte. No hay mayor autoconfianza que saber que puedes defenderte solo. Encuentra una clase, encuentra un curso, estudia en línea, pero estudia.

-Competir en algo. Ajedrez, videojuegos, béisbol, lo que sea, pero juega y compite.

Día 28: Apostar

"Ya sabes, los caballos son más inteligentes que las personas. Nunca has oído hablar de un caballo quebrado por apostar a las personas." - Will Rogers

Musashi luchaba cada batalla como si fuera la última. Vivía su vida como si cada vez que tocaba la espada moriría. Ya sea que lo queramos admitir o no, la vida es un juego de azar. Hacemos lo que podemos para inclinar la balanza a nuestro favor, pero a veces las probabilidades no están de nuestro lado. Mientras que la mejor tirada de dados es tirarlos lejos, no tenemos esa opción en la vida. Debemos jugar el juego. Aunque no estoy abogando por recoger cartas o apostar a los caballos, estoy recomendando que te hagas amigo del azar. Cuando realizamos una apuesta, estamos poniendo en juego valor. Así que, en lugar de poner ese dinero en algo potencialmente infructuoso como el Negro 17, apuesta por ti mismo. Pon tu dinero en ti. Llama a un amigo y entrégale $50 y dile que si no completas cierta tarea para cierta hora, entonces se lo quedan. Observa cómo te mueves entonces.

Capítulo 15:

"El juego está en marcha." - Sherlock Holmes

Los niños nacen curiosos. Como le gusta decir a Neil deGrasse Tyson, todos los niños son científicos. Absorben información como una esponja, aprenden nuevas habilidades a diario, y miran el mundo con ojos frescos. Desde la escuela y los deportes hasta los amigos y las interacciones sociales, los niños siempre están siendo presentados con nuevos datos, obligándolos a estar alerta y atentos.

Entonces, la edad entra. El gris de la vida comienza a marchitar lo que una vez fue colorido. Incluso la Navidad, o cualquier otra celebración que puedas celebrar, comienza a perder parte de su brillo. De repente, hemos estado allí, lo hicimos, y ya tiramos la camiseta. De repente, nuestro sentido de curiosidad disminuye y es reemplazado por hábitos sin sentido.

Dado que una sola cosa ya no es suficiente, comenzamos a hacer varias tareas al mismo tiempo, a pesar de todos los datos que indican lo contrario. Mientras mantenemos un sentido de novedad, perdemos el sentido de asombro. Buscamos cada vez más entretenimiento y cada vez menos profundidad. Nuestra atención se extiende de manera amplia pero superficial. Las voces de podcasters, presentadores de noticias, bloggers, periodistas y un millón de otras figuras resuenan en nuestra cabeza hasta el punto en que nuestra propia voz, sin amplificar, no puede ser escuchada.

"El mundo está lleno de cosas obvias que nadie por casualidad observa." - Sherlock Holmes.

Introduce ese genio fumador de pipa, violinista y resolutor de acertijos, Sherlock Holmes. El detective privado por excelencia de Sir Arthur Conan Doyle se ha convertido en el molde al que se comparan todos los demás: Batman, Poirot, Dr. House, Spok.

Holmes es recordado por su agudo sentido de la observación, desarrollo de la ciencia forense, deducción y razonamiento lógico. Apareciendo por primera vez en "A Study Scarlet" e inicialmente cayendo en picada hacia su muerte para detener a su némesis Moriarty en "The Final Problem", nada capturó la imaginación victoriana como el primer y único detective "consultor" del mundo. Sin embargo, el personaje era demasiado rico, demasiado atractivo para permanecer muerto, y Doyle trajo de vuelta a su personaje de entre los muertos, una tradición que continúa hasta hoy, ya que innumerables obras de teatro, programas de televisión y películas son producidas cada año en torno a la idea misma de Sherlock Holmes.

Basado en una combinación del mentor de Doyle, Dr. Joseph Bell, y el detective de Edgar Allan Poe, Auguste Dupin, Holmes personifica la fuerza mental. Doyle tomó las cualidades de su amigo y las combinó con las reflexiones de Dupin, creando al intelectual más icónico de todos los tiempos. Sin embargo, no es solo la inteligencia de Sherlock lo que nos atrae, sino su habilidad para hacer lo que otros son incapaces de hacer.

En su libro "Pensar rápido, pensar despacio" Daniel

Kahneman presenta la teoría de que el cerebro funciona bajo dos sistemas, un sistema en tiempo real en el que reconocemos el habla y tomamos decisiones "viscerales" y un segundo sistema basado en el análisis crítico de la evidencia.

Aquí radica la contribución más significativa de Holmes y Doyle a la fuerza mental: el desván de la mente. Lo que alimentamos a nuestro cerebro, lo que permitimos entrar, es lo que usaremos para ver el mundo. Es imposible ver el mundo sin anteojos de color de rosa, todos tenemos prejuicios, juicios y experiencias. Lo que permitimos entrar inevitablemente sale, o, como lo expresa Holmes,

> Considero que el cerebro de un hombre en un principio es como un pequeño ático vacío, y debes llenarlo con los muebles que elijas. Un tonto recoge toda la chatarra de todo tipo con la que se encuentra, de modo que el conocimiento que podría serle útil se queda atrás, o en el mejor de los casos se mezcla con muchas otras cosas, por lo que le resulta difícil ponerle mano. Ahora bien, el trabajador hábil es muy cuidadoso en cuanto a lo que mete en su ático cerebral. No tendrá nada más que las herramientas que le ayuden a hacer su trabajo, pero de estas, tiene una amplia variedad y todas en el mejor orden posible. Es un error pensar que esa pequeña habitación tiene paredes elásticas y puede expandirse a cualquier grado. Puedes estar seguro de que llega un momento en el que por cada adición de conocimiento, olvidas algo que sabías antes. Por lo tanto, es de suma importancia no dejar que hechos inútiles desplacen a los útiles.

De esta manera debemos tratar nuestra mente como un jardín, cuidándola regularmente. Debemos elegir qué plantas permitimos y qué malas hierbas debemos arrancar. En esencia, es similar a cómo Charlie Munger, otro hombre mentalmente fuerte cuyos libros "Poor Charlie's Almanac" es imprescindible leer, expone modelos mentales, o malla. Munger era partidario de los modelos mentales, muy parecido al ático de Holmes. Él creía que debes recordar lecciones e historias que te ayudarán a resolver problemas más tarde en la vida y dejar que los hechos inútiles y basura vayan al montón de basura.

Mezclando metáforas, uno debe permitir solo la información que consideren pertinente en el desván de su mente, y cuanto más fuertes sean los modelos en los que colgar lecciones de vida, mejor. Para Holmes, él almacenaba casos, análisis y hechos como tipos de ceniza de cigarrillo en su desván mental para poder resolver el crimen mejor. ¿Qué permites entrar en tu desván?

Sherlock no solo tiene una mente ático, sino que también desarrolla un palacio de memoria literal. Para retener lo que aprende, trata la memoria como una ubicación para acceder a ella. Aunque este es el tema de un libro diferente, sigue siendo una herramienta útil para entrenar tu cerebro. Si estás interesado, echa un vistazo al libro "Moonwalking with Einstein".

Junto con el desarrollo de un ático mental delgado, Holmes nos ofrece herramientas más útiles para ayudar a construir nuestra fuerza mental.

Primero, la habilidad de observación.

"Ves, pero no observas. La distinción es clara." - Sherlock Holmes

Uno de los trucos favoritos de Holmes y una seña de identidad del personaje es su habilidad para observar a una persona en profundidad. Con solo un vistazo, puede deducir la ubicación de una persona, su edad, ocupación, y así sucesivamente.

Para hacer esto, Holmes está utilizando ambas formas de su cerebro, empleando el sentido intuitivo conectado con su análisis más profundo. Más importante aún, se está enfocando en detalles importantes, considerados necesarios por su ático cerebral. Como un atleta de élite, Holmes se concentra en lo esencial y descarta el resto.

Para Holmes, el análisis y la deducción son las herramientas más esenciales, aunque tiene muchos otros hábitos útiles. Para un atleta como Tom Brady, es un conjunto diferente de habilidades. De hecho, Brady desarrolló, junto con su entrenador Alex Guerrero, un sistema de entrenamiento individual para ser mariscal de campo. La clave es que los intérpretes de élite desarrollan enfoques sistemáticos desarrollados específicamente para sus necesidades, o en otras palabras, aprenden a prestar atención a lo que más importa.

¿Un boxeador necesita levantar 400 lbs.? ¿Debería un corredor de distancia dominar el salto de longitud? ¿Qué hay de un maestro de ajedrez memorizando todo el universo canónico de Star Wars? Las personas mentalmente fuertes aprenden a eliminar las distracciones, aprenden qué decir sí y qué decir no. Esto no quiere decir que no tengan cosas fuera de su enfoque que les traigan alegría. Después de todo, Lebron James es un ávido conocedor de vinos.

Pero los mejores intérpretes saben cómo enfocarse. También entienden que su atención, al igual que la fuerza de voluntad, es un recurso limitado. Un ser humano solo puede lograr tanto en un día.

La segunda habilidad es el análisis.

> **"Es un error capital teorizar antes de tener datos. Imperceptiblemente uno comienza a torcer hechos para que se ajusten a teorías, en lugar de que las teorías se ajusten a los hechos." - Sherlock Holmes**

Lo siguiente que hacen las personas mentalmente fuertes es utilizar tanto el proceso de su cerebro. No reaccionan a su mente activa, sino que permiten que el proceso entre también en su análisis lento. Permiten la observación pero también un análisis de los hechos.

Constantemente estamos bombardeados por información. Las personas mentalmente fuertes no son meros observadores, son analizadores y hacedores. Absorben los datos y luego descubren cómo utilizarlos. ¿Qué significa? ¿A qué está conectado? ¿Con qué se parece? ¿He visto esto antes? ¿Cuál fue el resultado?

Además, las personas mentalmente fuertes unen la brecha entre los dos. Aprenden a conectar las dos partes y convierten su análisis en intuición, como Holmes. Este es el mundo del dominio. ¿Cómo sabe un artista marcial dónde defender después o un jugador de ajedrez pensar tres movimientos adelante? ¿Cómo golpea un jugador de béisbol una bola rápida de 95 mph pero también está listo para el cambio de velocidad? La clave aquí es el dominio.

Quizás la habilidad más crítica a desarrollar es la distancia.

"No puedo vivir sin trabajo cerebral. ¿Para qué más hay que vivir?" - Sherlock Holmes

Holmes no salta a conclusiones. Él permite tiempo. En el mundo acelerado en el que vivimos hoy en día donde la información puede ser compartida en segundos, y el mundo se entera de los secretos al instante, sentimos la constante necesidad de producir. De hecho, tan a menudo ponemos el carro delante del caballo que esperamos producto sin proceso.

Sin embargo, el mundo no funciona de esta manera. Las cosas necesitan tiempo para desarrollarse. Los jugadores promedio de la liga mayor de béisbol pasan de 3 a 5 años en ligas menores antes de ascender.

Así como los jugadores de béisbol necesitan tiempo para crecer, también los pensamientos necesitan tiempo para asentarse. ¿Cuántas personas conoces que repiten como loros lo que escuchan en la radio, ven en las noticias o leen en un blog? Si meditaran en la información que han absorbido, comenzarían a ver las fallas en su razonamiento. Por lo tanto, el punto se presenta por sí mismo.

Como ofrece la meditación, debemos aprender a observar nuestros pensamientos. Debemos dar un paso atrás de la acción inmediata y analizar el momento. Esto tomará tiempo al principio, pero mejorará nuestra toma de decisiones a largo plazo.

Sherlock ha vivido más allá de la era victoriana por una serie de razones, una de las cuales es su fortaleza mental; sin embargo, en el fondo, representa lo que es posible cuando un hombre se dedica por completo a su pasión. No solo dominó la forma de arte, sino que también la inventó, "El Primer Detective Consultor del Mundo".

Pasos Accionables:

¿A qué evento de tu pasado reaccionaste demasiado rápido?

¿Cuál es un ejemplo de tiempo presentando una respuesta?

¿Qué información es clave para tu comprensión más profunda?

- Ejercicio: Construye un palacio mental.

Prueba el famoso palacio de la memoria de Holmes, que utiliza para recordar datos. Piensa en un lugar que conoces íntimamente bien. ¿Cómo es? ¿Cómo huele? ¿Cómo se siente estar dentro? Ahora, toma un conjunto de datos como una lista de presidentes o tu número de tarjeta de crédito, y cuelga esa información dentro de esta memoria.

Día 30: Acábalo

"Somos lo que hacemos repetidamente. La excelencia entonces no es un acto, sino un hábito." - Aristóteles

"Cuidado con la esterilidad de una vida ocupada." - Sócrates

No creíste que podrías pasar por un libro sobre la fuerza mental sin que mencionara a Aristóteles y Sócrates, ¿verdad? Los padres de la Filosofía Occidental siempre aciertan, y cuando golpean, van a por todas. El juego no ha terminado para ti, sino que apenas comienza. Sigue aprendiendo, sigue luchando, y ten en cuenta que te enfrentarás a pruebas aún mayores. Como dijo el tío Ben, "Con gran poder, viene una gran responsabilidad".

Conclusión

Esto no es un resumen cursi de este libro. No voy a escribir que después de llegar a este punto tus problemas serán resueltos y tu vida sin dolor, si es que has entendido hasta este punto, defiendo lo contrario. Quiero que busques los desafíos y rompas tus limitaciones; sin embargo, hay una cosa importante que todos debemos entender si queremos crecer en nuestros campos seleccionados.

Eres suficiente.

Este no es un cita destinada a apresurarte a las redes sociales y compartirla con los dioses de la conformidad social, tampoco es el tipo de cosa que pintas en tu pared. A algunas personas les encanta tomar este tipo de afirmaciones positivas y convertirlas en un mantra, y si ese eres tú, entonces ve adelante.

Lo que esto es, sin embargo, es un recordatorio de que tú eres el héroe de tu propia vida. Eres el protagonista de tu propia película y Superman no va a aparecer para salvarte.

Algunas personas encuentran la lotería y nacen con suerte, algunas personas alcanzan la grandeza a través de conexiones o por estar en el lugar correcto en el momento correcto, y otros tienen la oportunidad impuesta sobre ellos. Para el resto de nosotros, debemos esforzarnos y desarrollarnos más allá del nivel en el que otros se han conformado.

Hay demasiados instagramers por ahí que publican este tipo de citas al lado de fotos de sus traseros, lo más probable es que tú seas una de esas personas que buscan revisar a la competencia, y si es así, entonces más poder para ti. Pero, para el resto de nosotros, debemos desarrollar la confianza para triunfar.

No quiero decir que no debas trabajar en ti mismo o que no necesitas crecer y mejorar. Simplemente, una de las lecciones más importantes que todos debemos aprender es que somos la solución al problema.

Parte de crecer es aprender quién eres y de qué eres capaz de lograr. Parte de la fuerza mental es entender dónde destacas y dónde eres débil. Coach K sabe cómo construir sobre las fortalezas de su equipo. Belichick entiende cómo disimular sus debilidades y aprovecharse de sus oponentes. Bruce Lee utiliza el poder de su oponente en su contra. Cada persona mentalmente fuerte, desde Sherlock hasta Yoda, se entiende a sí misma. Como dijo Sócrates, "Conócete a ti mismo", y como Shakespeare elaboró, "Sé fiel a ti mismo".

Al final, debemos aprender a confiar en nosotros mismos. Debemos aprender a confiar en nuestra intuición, así como en nuestro análisis. Debemos aprender a desarrollar la fuerza interior que nos lleva a través de los momentos difíciles, ya sea que la tomemos prestada de otros o la forjemos por nuestra cuenta. De cualquier manera, debemos convertirnos en el mentor que deseamos encontrar.

No hay mayor confianza que la habilidad de confiar plenamente y ser nosotros mismos. Eso no significa que conquistemos todos nuestros demonios, simplemente significa que hacemos las paces con ellos y aprendemos a no dejar que controlen nuestras vidas.

El punto es que al final de nuestro viaje, el mana que traemos de vuelta es el cambio dentro de nosotros. Una vez que el héroe trae el tesoro de vuelta y lo comparte con el pueblo, se asimilan de nuevo a la vida cotidiana, y sin embargo, para cada aventurero otro viaje les espera. Nuevas pruebas, nuevos desafíos se forman una vez que el héroe está listo. Esta vez, están preparados con un nuevo conjunto de habilidades de batallas previamente ganadas.

¿Estás listo?

Lecturas Adicionales

"Un libro de cinco anillos" Miyamoto Musashi

"Garra" por Angela Duckworth

"Meditaciones" por Marco Aurelio

"Extreme Ownership" de Jocko Willink

"No puede hacerme daño" por David Goggins

"El Arte de la Guerra" por Sun Tzu

"El camino del artista" por Julia Cameron

"12 Reglas para la Vida" por Jordan B. Peterson

"Las 48 leyes del poder" por Robert Greene

"El Obstáculo es el Camino" por Ryan Holiday

"Cómo pensar como Sherlock Holmes" por Maria Konnikova

"La búsqueda del hombre de sentido" por Viktor Frankl

"Mastermind: Cómo Pensar Como Sherlock Holmes" por Maria Konnikova

"Liderando con el corazón" por el entrenador Mike Krzyzewski.

"Empezar con el por qué' por Simon Sinek

"Getting Things Done" por David Allen

Los siete hábitos de la gente altamente efectiva by Stephen Covey

"El almanaque del pobre Charlie" por Charles Munger

"El Príncipe" por Maquiavelo

"Once Anillos" por Phil Jackson

"El arte de aprender" por Josh Waitzkin

"10% Más feliz" por Dan Harris

"La Sola Cosa" por Gary W. Keller y Jay Papasan

"Los fuera de serie" por Malcolm Gladwell

"El talento está sobrevalorado" por Geoff Colvin

Epílogo:

Gracias por leer este libro. Gracias por llegar hasta aquí y seguir adelante hasta el final. Si has llegado hasta aquí, considera esto el "Bonus Track" que solía acompañar el final de los álbumes de los años 90.

Dado que has llegado hasta aquí, no compartiré el verdadero "secreto" contigo. ¿Estás listo? Te pregunté al principio de este libro, pero sabía que no podrías manejarlo sin emprender el viaje. Ahora, aquí estás, en la última página, y o bien leíste todo el maldito libro, o saltaste hacia atrás para ver si el capítulo final era lo suficientemente interesante como para gastar tu tiempo en ello. ¡Si fue así, te atrapé!

Si no, entonces aquí está, el secreto: no hay secreto.

No importa lo que la gente escriba, descubra o produzca, no hay ningún secreto del que te estás perdiendo. Queremos creer que la persona que tiene lo que tenemos sabe algo que nosotros no sabemos o está al tanto de algo que nosotros nos perdimos. Sentimos que nos perdimos información privilegiada.

Incluso escriben libros sobre la existencia de un gran "secreto" que el mundo desconoce, y la gente hace fila para comprarlo. ¿Por qué? Porque queremos creer en algo más grande que nosotros mismos. Queremos pasar la responsabilidad y decir, "Mira, no fue mi culpa. No conocía el secreto".

Teóricos extravagantes y aspirantes a eruditos pasan horas y horas viendo videos de YouTube hechos por otros teóricos extravagantes y leyendo blogs escritos por otros aspirantes a eruditos sobre cómo la Tierra es plana, los chemtrails están arruinando a nuestros hijos y los Illuminati han tomado el control de la NBA. El punto es que la gente quiere creer que hay un hombre detrás de la cortina, que alguien está tirando de los hilos y que todos somos parte de una gran conspiración.

Sin embargo, en todo momento conocemos las verdades más profundas. Al igual que nuestros instintos, hay algunas cosas arraigadas tan profundamente en nosotros que no podemos explicarlas pero sabemos que son verdaderas.

Para ser honesto, las personas más mentalmente fuertes que conozco no siempre son los CEO y los entrenadores, aunque las historias de éxito me inspiran. Las personas más duras que conozco son madres y padres, trabajadores y jornaleros, hombres y mujeres que luchan todos los días para proveer a una familia. Ellos son los hombres y mujeres que hacen que este país funcione, que se levantan todos los días, toman una taza de café, y van a trabajar con una sonrisa en el rostro. Hacen que las personas a su alrededor sean mejores y más felices simplemente con estar allí. Si buscas fortaleza mental, acércate a la señora en tu oficina que ha mantenido todo unido durante 35 años mientras lleva a los niños a prácticas de fútbol, cocina la cena, ayuda a un amigo en rehabilitación, y aguanta que su esposo no corte el césped, pero aún así encuentra tiempo para contarte un chiste y escribirte una tarjeta de Navidad.

Para los humanos, este es difícil de computar. Cosas cotidianas pierden rápidamente su brillo. Se mezclan en el fondo para no ser vistas de nuevo. Por eso los deportes, las historias y la historia nos emocionan. De repente, algo importa.

La lección más grande que aprendí de los deportes fue que el juego es solo una metáfora. Todo lo que necesitamos saber sobre la vida, en su mayor parte, se puede aprender entre líneas; sin embargo, a menudo olvidamos eso y ganar toma prioridad sobre las lecciones.

En algún momento todo llega a su fin, ¿y luego qué? ¿Qué hacemos con años de práctica de baloncesto, con años perfeccionando un swing, un movimiento, una rutina? ¿Dejamos caer la pelota y nunca la volvemos a levantar? ¿Es el juego simplemente una pérdida de tiempo?

Del mismo modo, la historia sostiene el mismo argumento. ¿Cuál es el punto de "Star Wars", de "El Señor de los Anillos", de "El Mago de Oz"? ¿Simplemente están escapando a otro mundo donde confiamos en que todo se resolverá por sí mismo?

Si aún no lo has descubierto, mi respuesta es un rotundo "No", entonces no puedo ayudarte. Los deportes y las historias nos dan una visión de quiénes somos sin esforzarnos tanto. Cuando nuestros ancestros transmitieron mitos de los dioses, intentaban transmitir conocimiento de una manera que pudiéramos retenerlo. Cuando un gran cazador o corredor ascendía más allá de la tribu y se convertía en una leyenda, nuestros antepasados querían transmitir su éxito a sus hijos.

Ahora bien, esto no quiere decir que una persona no pueda sentarse con un café y disfrutar de un episodio de "Friends" y "Frasier" y olvidarse de la vida por un rato o abrir unas cuantas cervezas frías para ver a los Medias Rojas jugar contra los Yankees. De hecho, muy a menudo nos decimos a nosotros mismos: "Deberíamos estar trabajando duro en este momento," y perdemos de vista el amor por el juego. Tanta gente nos está diciendo que "Trabajemos más duro," "Trabajemos más tiempo," "Seamos más productivos," hasta el punto que el growth hacking y la eficiencia son la moneda del día.

¿Qué es una vida si todo lo que hacemos es trabajar? La belleza del deporte está en que, aunque requiere esfuerzo, también es divertido. Incluso cuando sudamos bajo el inclemente sol del verano en un campo de juego o levantamos pesas en un gimnasio oxidado, lo hacemos por la emoción de la competencia y la alegría del juego. De la misma manera, cuando abrimos un libro, comenzamos una película o vemos una obra de teatro, estamos experimentando la maestría (o eso esperamos) y la brillantez de la narración y la artesanía.

Por otro lado, toda una industria de escritores, especialistas en marketing y publicistas gastan dólar tras dólar convenciéndote de que "te mereces" descansar, que "te mereces" otra cerveza, que "te mereces" ver esa serie/partido. Somos una nación que ama ser entretenida. Una nación de narradores.

Mi punto? Equilibrio. No pienses que tienes que pasar cada hora despierto empacando información en tu cerebro, estrés en tu cuerpo, y dinero por el desagüe. Además, no te escapes al éter o al streaming. Trabaja duro, diviértete mucho.

Ser mentalmente fuerte es poder destacar en la oficina, el gimnasio y en casa. Ser mentalmente fuerte es entender que la concentración cambia a medida que pasas de una fase a otra. Ser mentalmente fuerte es vivir una vida que la gente admira porque tienes la fuerza para tomar decisiones difíciles cuando es necesario, ya sea en la sala de juntas o en el dormitorio.

Por último, me encanta coleccionar conocimiento. Tenemos tan poco tiempo aquí en la tierra, que es imposible hacerlo todo. Por lo tanto, el hombre inventó la escritura para transmitir lo que sabía. Después de todo, Otto Von Bismarck lo resumió mejor con: "Solo un tonto aprende de sus propios errores. El sabio aprende de los errores de los demás".

Aquí hay algunos pensamientos, paráfrasis e ideas generales que no lograron ingresar a este libro. Son herramientas que pueden ayudarte en tu camino para construir fuerza mental, ciertamente me ayudaron:

Exponerte a tantas nuevas oportunidades como sea posible

Todo lo que quieres en la vida está justo fuera de tu zona de confort; si no lo estuviera, ya lo tendrías.

Esfuérzate por tener una mentalidad de crecimiento.

Vive de una manera que sea congruente con tus objetivos.

Toma el control de tu propia historia.

Empieza con el final en mente.

Encuentra tu pasión, sigue tu felicidad.

Identifica lo que es importante para que puedas crear una vida que te permita hacer cosas importantes.

La vida es demasiado corta para hacer las cosas en las que eres malo.

Tienes que saber a dónde vas antes de tomar cualquier decisión de ir.

Cuando experimentes "basura" en tu vida, recuerda que los agricultores utilizan el estiércol como fertilizante.

Enfócate en el progreso, no en la perfección.

Comienza de adentro hacia afuera con lo que resuena contigo, tu razón de ser, no de afuera hacia adentro. Tu razón de ser es tu núcleo.

Forja tu propio camino, escribe tu propio manual de instrucciones.

Todos los obstáculos que enfrentas son los cimientos de tu éxito futuro.

Si no tienes un plan para ti mismo, serás parte del plan de otra persona.

La escuela no dicta tu vida.

Tus circunstancias no te definen; más bien te revelan.

Encuentra personas que compartan tu pasión.

Construye tu reputación ayudando a otros a construir la suya.

Protege tu reputación a toda costa, o haz nada que la arruine.

Si tienes tiempo para quejarte y lamentarte de algo, entonces tienes tiempo para hacer algo al respecto.

Sé notable, toma riesgos. No hay lugar para lo ordinario.

La mayoría de las personas mueren cuando tienen 27 años pero no son enterradas hasta que tienen 77.

Más personas mueren los lunes a las 9 am que cualquier otro día y hora de la semana.

Ignora las debilidades irrelevantes.

Sin pasión, la vida es trabajo. Con pasión, el trabajo es un hobby y la vida es la recompensa.

Vacía y organiza tus pensamientos regularmente.

Hacer listas. Hacer listas. Terminar listas.

Afilar la sierra.

Enfócate en tus virtudes elogiables.

Recuerdo de que morirás.

Sé mejor de lo que la gente espera.

Estar preparado.

Tomar notas.

Eres mejor que "OK"

Di menos de lo necesario.

Toma tiempo.

Honra tus ritmos naturales.

Respira.

Relájate.

Bebe agua.

Come para nutrición.

Mueve tu cuerpo.

Estate atento a tu entorno.

Crear una habitación llena de belleza.

Leer.

Escribir.

Escuchar.

Aprender.

Descanso.

Este es el final, en serio. No más capítulos ocultos. No más pequeños empujones en la dirección correcta. Depende de ti. Gracias por leer este libro y gracias por hacerte mejor. Ahora, sal y vive tu vida como mejor te parezca.

www.ingramcontent.com/pod-product-compliance
Lightning Source LLC
Chambersburg PA
CBHW071712020426
42333CB00017B/2233